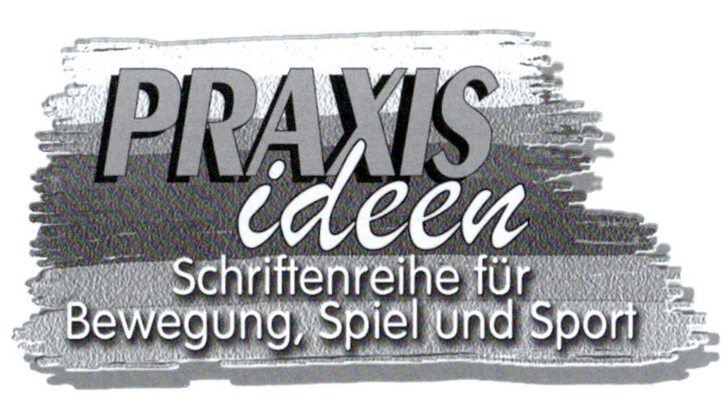

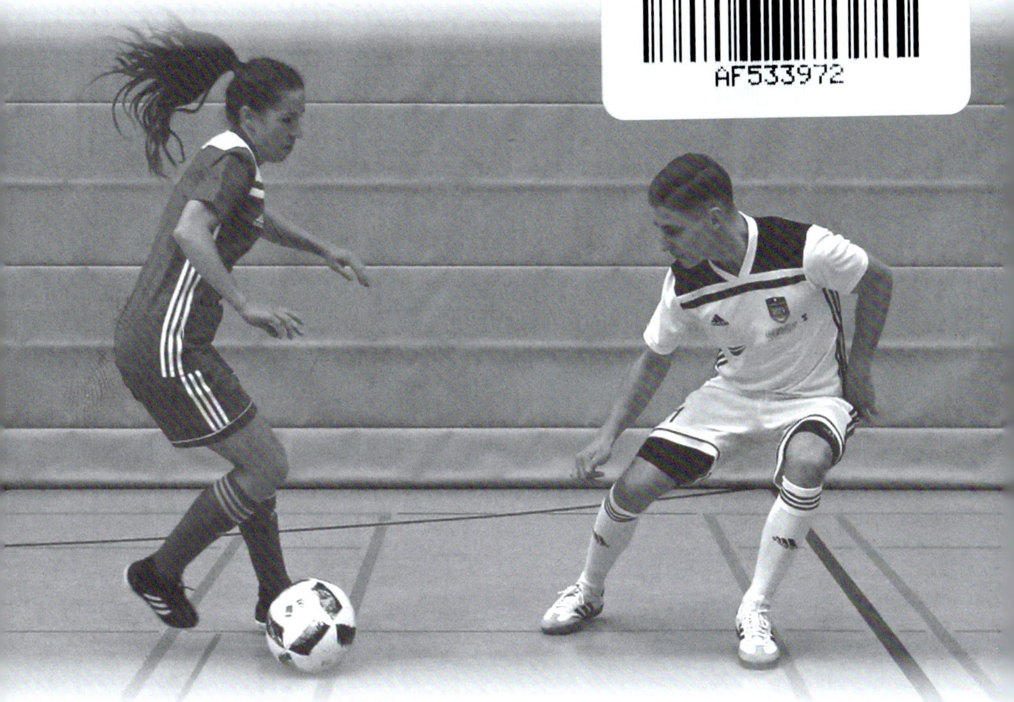

Fußball

kompetenzorientiert unterrichten – Praxisempfehlungen für die Schule

Robert Schreiner

hofmann.

Bibliografische Information der Deutschen Nationalbibliothek

Die Deutsche Nationalbibliothek verzeichnet diese Publikation in der Deutschen Nationalbibliografie; detaillierte bibliografische Daten sind im Internet über http://dnb.d-nb.de abrufbar.

Bestellnummer 2721

Erschienen als Band 72

der PRAXISIDEEN – Schriftenreihe für Bewegung, Spiel und Sport.

Druck und Verarbeitung: Plump Druck & Medien GmbH, Rheinbreitbach

Printed in Germany · ISBN 978-3-7780-2721-9

INHALT

Im vorliegenden Buch wurde auf die Nennung beider Geschlechter (Lehrerinnen/Lehrer – Schülerinnen/Schüler) oder die Verbindung in einem Wort (LehrerInnen bzw. Lehrer*innen) zugunsten einer möglichst einfachen Leseart verzichtet. Allgemeine Personenbezeichnungen schließen daher immer beide Geschlechter ein.

Konzeption des Buches

Methodenvielfalt

Soll in der Schule ein Sportspiel vermittelt werden, so stehen Lehrer vor der Herausforderung, sich für eine passende Vermittlungsmethode zu entscheiden. Die Antwort, welche Vermittlungsmethode passt, kann in Abhängigkeit von den Zielen und Inhalten unterschiedlich ausfallen. Es gibt also nicht die *eine* richtige Vermittlungsmethode; vielmehr gilt: Schüler können und sollen im Laufe ihrer Schullaufbahn Sportspiele auf unterschiedliche Weise erlernen.

Tactical Games Approach

Das vorliegende Buch folgt der Idee des *Tactical Games Approach*, der häufig auch *Teaching Games for Understanding* oder *Tactical Games Model* genannt wird (Mitchell, Oslin & Griffin, 2013). Mitchell, Oslin und Griffin haben diese Vermittlungsmethode bereits 1997 entwickelt. Das zugehörige Buch „Teaching Sport Concepts and Skills: A Tactical Games Approach for Ages 7 to 18 (3. Aufl.)" umfasst neben theoretischen Grundlagen Unterrichtspläne für verschiedene Sportarten. In der Sportwissenschaft sind aus der Idee des Tactical Games Approach gerade in den letzten Jahren zahlreiche Publikationen sowie Konferenzen entstanden, die sich ausschließlich diesem Thema widmen.

Vor dem Hintergrund, die Sportart Fußball in der Schule vermitteln zu wollen, sprechen insbesondere vier Argumente für den Tactical Games Approach:

1. Die Methode folgt zwei Ideen, über die in der Sportspielvermittlung weitgehend Einigkeit herrscht: Spielen vor Üben sowie Spielen und Üben!

2. Die eingesetzten Spielformen werden an das Leistungsniveau der Schüler angepasst: Alle Schüler sollen von Beginn an mitspielen können!

3. Die Schüler reflektieren über den Zusammenhang von Spielsituationen und was in diesen zu tun ist: Sie sollen die taktische Grundstruktur der Spielform verstehen!

4. Das Geübte wird wieder in die Ausgangsspielform eingeführt: Die Schüler wenden das Geübte unmittelbar an!

Gegen den Tactical Games Approach – wie gegen alle bestehenden Methoden der Sportspielvermittlung – spricht, dass sie nicht kompetenzorientiert sind. Damit sind die Methoden nicht kompatibel mit den *Bil-*

dungsplänen Sport:[1] In ihrem Zentrum steht die Kompetenzorientierung und damit einhergehend Kompetenzen, die Schüler erwerben sollen.

Kompetenzerwerbsmodell

Das vorliegende Buch löst diese Inkompatibilität auf. Es verknüpft die Idee des Tactical Games Approach mit den Grundlagen eines kompetenzorientierten Sportunterrichts. Auf diese Weise entsteht erstmals ein *Kompetenzerwerbsmodell für die Sportart Fußball*. Darüber hinaus wird das entwickelte Kompetenzerwerbsmodell für die Spiele 1 gegen 1 bis 3 gegen 3 für die Unterrichtspraxis nutzbar gemacht (Kap. 3). Neuartig im Vergleich zu bislang vorliegenden Konzepten ist insbesondere:

- Die mit den Spielen verbundenen *Anforderungen* werden entlang der Fragen „Wann?" mache ich „Was?" „Wie?" detailliert sowie übersichtlich dargestellt.
- Für jedes Spiel werden die aus den Anforderungen ableitbaren *Kompetenzziele* dargelegt sowie für die Komplexe „Kenntnisse", „Taktische Fähigkeiten und technische Fertigkeiten" sowie „Bereitschaften" konkretisiert.
- Für jedes konkretisierte Kompetenzziel wird eine *Lernaufgabe* mit sieben Kompetenzerwerbsschritten inklusive der Aufgaben des Lehrers und der Schüler sowie grafisch bzw. methodisch aufbereiteter Spiel- und Übungsformen bzw. Taktik- und Technikleitbilder bereitgestellt.

Im Ergebnis ist es Lehrern möglich, den Kompetenzerwerb für die Sportart Fußball über mehrere Wochen hinweg systematisch zu gestalten.

Aufbau des Buchs

Um vom aktuellen Erkenntnisstand zum Ziel gelangen zu können, wird in einem ersten Arbeitsschritt herausgearbeitet, was kompetenzorientierten Sportunterricht von nicht-kompetenzorientiertem unterscheidet, wie Kompetenzerwartungen für den Sportunterricht konkretisiert werden können und wie der Kompetenzerwerb gestaltet werden kann (Kap. 1). Der zweite Arbeitsschritt besteht darin, sich a) mit der Sportart Fußball in Form von Vereinfachungsmöglichkeiten für die fußballspezifischen technischen Fertigkeiten, taktischen Fähigkeiten und Regeln auseinanderzusetzen sowie b) die Anforderungen an einen kompetenzorientierten Sportunterricht mit den Erkenntnissen zum Tactical Games Approach zu verknüpfen (Kap. 2).

---

[1] Über die verschiedenen Bundesländer hinweg werden die Rahmenvorgaben für das Fach Sport unterschiedlich bezeichnet: Bildungsplan, -standards, Lehrplan, Fach-, Rahmen-, Kernlehrplan, Kerncurriculum, Rahmenplan. Der Begriff Bildungsplan steht stellvertretend für die unterschiedlichen Bezeichnungen.

Kapitel

1

Grundlagen kompetenzorientierten Sportunterrichts

1.1 Kompetenzerwartungen konkretisieren

1.2 Kompetenzerwerb mittels der Lernaufgabe gestalten

Zentrale Kennzeichen

Ablauf

1.3 Zusammenfassung

Input- und Outputorientierung

Ein zentrales Charakteristikum eines kompetenzorientierten Sportunterrichts ist, dass die *Inputorientierung* durch eine *Outputorientierung* ergänzt wird. Im klassischen Sinne eines *nicht* kompetenzorientierten Sportunterrichts umfasst die Inputorientierung
a) den Bildungsgehalt der zu vermittelnden Inhalte sowie
b) das methodische Vorgehen zur Vermittlung der Inhalte.

Die Outputorientierung ergänzt die zu vermittelnden Inhalte (vgl. a)) um die *zu erzielenden Kompetenzen* (Gissel, 2014). In anderen Worten schließen die zu erzielenden Kompetenzen der Outputorientierung den zu vermittelnden Inhalt der Inputorientierung ein (vgl. Beispiel).

Beispiele für Input und Output

Input Zu vermittelnder Inhalt		**Output** Zu erwerbende Kompetenzen
Dribbling (Innenseite, Innen-, Außenspann, Vollspann, Sohle)	➔	In Bewegungskombinationen oder in spielnahen Situationen dribbeln können.
Innenseitstoß	➔	Pässe aus der Bewegung oder über kurze und weite Distanzen spielen können.

Die **zu erwerbende Kompetenz** im Sinne der **Outputorientierung** wäre im ersten Fall, dass Schüler in Bewegungskombinationen oder in spielnahen Situationen dribbeln können. Dies schließt den **zu vermittelnden Inhalt** im Sinne der **Inputorientierung** ein: die motorische Fertigkeit Dribbling.

Konsequenzen für die Planung des Sportunterrichts

Für die Planung des Sportunterrichts hat die Kompetenzorientierung und die damit einhergehende Verschmelzung von Input- und Outputorientierung bedeutende Konsequenzen:

1. Die Kompetenzerwartungen müssen konkretisiert werden (Gissel, 2014).
2. Es muss festgelegt werden, wie Schüler die anvisierten Kompetenzen erwerben können (Gissel, 2014; Ziener, 2008).

Definition Kompetenzen im Sport

Unter Kompetenzen im Sport versteht Gissel in Ergänzung zu Weinert (2007) „die bei Individuen verfügbaren oder durch sie erlernbaren kognitiven und *motorischen Fähigkeiten* und Fertigkeiten, um bestimmte Probleme zu lösen, sowie die damit verbundenen motivationalen, volitionalen und sozialen Bereitschaften und Fähigkeiten, um die Problemlösungen in variablen Situationen erfolgreich und verantwortungsvoll nutzen zu können" (Kursivstellung hinzugefügt; Gissel, 2014a).

Aus den beiden Konsequenzen ergibt sich der weitere Aufbau des Kapitels. In einem ersten Schritt wird es um die Frage gehen, wie Kompetenzerwartungen konkretisiert werden können. Der zweite Schritt besteht in der Bearbeitung der Frage, wie der Kompetenzerwerb gestaltet werden kann.

1.1 Kompetenzerwartungen konkretisieren

Besonderheit von Kompetenzerwartungen

Den Rahmen für die *Kompetenzerwartungen* gibt der jeweils geltende Bildungsplan Sport vor. Die Kompetenzerwartungen in diesen sind oftmals (bewusst) in Form eines *Haltungsziels* formuliert. Von Haltungsziel wird in Anlehnung an Storch (2009) deshalb gesprochen, weil ein komplexes Zielerreichungsverhalten gefordert wird, das neben dem *Können* und *Wissen* der Schüler bei diesen auch die *Haltung* voraussetzt, dass sie es wollen.

Beispiel für ein Haltungsziel

Die Schüler können im reduzierten Zielspiel in Angriff und Abwehr individual- und gruppentaktisch handeln (vgl. Bildungsplan Sport für Gymnasien Baden-Württemberg).

Konkretisieren von Kompetenzerwartungen

Sollen Kompetenzerwartungen konkretisiert werden, müssen entsprechend jeweils drei Fragen bearbeitet werden:
a) Was wissen Schüler (Kenntnisse),
b) was können Schüler (Fähigkeiten und Fertigkeiten) und
c) was wollen Schüler (Haltungen bzw. Bereitschaften),
die sich die angestrebten Kompetenzen angeeignet haben?

Bezeichnet wird dieser Schritt als Kompetenzexegese, zugeordnet werden kann sie dem Prozess der Sachanalyse (Heidelberger Sportpädagogen, 2011; Pfitzner, 2014). Ein Beispiel für eine Kompetenzexegese könnte wie folgt aussehen:

Beispiel für das Konkretisieren einer Kompetenzerwartung

In Anlehnung an die Kompetenzerwartung aus dem Bildungsplan Sport für Gymnasien Baden-Württemberg könnte für die Klassenstufe 7 bspw. das übergeordnete Kompetenzziel formuliert werden: Die Schüler können im Spiel 1 gegen 1 auf Dribblingtore im Angriff individualtaktisch handeln. Hieraus ergeben sich die nachfolgenden Kenntnisse, Fähigkeiten/Fertigkeiten sowie Bereitschaften, die aus einer sich daran anschließenden Kompetenzexegese[2] resultieren könnten.

Kenntnisse	Die Schüler kennen: • die fünf Dribblingarten sowie die Eckpunkte der betreffenden Technikleitbilder. • die drei Dribblingformen sowie die Eckpunkte der betreffenden Taktikleitbilder. • eine Finte zum Sichern des Balls sowie die Eckpunkte des Technikleitbildes. • zwei Finten zum Überwinden des Gegenspielers sowie die Eckpunkte der betreffenden Technikleitbilder.
Fähigkeiten und Fertigkeiten	Die Schüler können: • mit allen fünf Dribblingarten dribbeln. • einen freien Raum mit dem Ball überbrücken, den Ball sichern und einen Gegenspieler ohne/mit Finte überwinden.
Bereitschaften	Die Schüler sind bereit: • sich die benötigten individualtaktik- und technikbezogenen Kenntnisse anzueignen und die Kenntnisse im Spiel einzusetzen. • die benötigten individualtaktischen Fähigkeiten und die technischen Fertigkeiten zu erlernen, zu üben und im Spiel anzuwenden.

Systematische Arbeit an einem Thema

Infolge der Kompetenzexegese ist es möglich so zu planen, dass über mehrere Wochen hinweg systematisch an einem Thema gearbeitet wird (Gissel, 2014) – im Falle des genannten Beispiels am Thema 1 gegen 1 auf Dribblingtore bzw. an den ausdifferenzierten Kompetenzen. Im Sinne einer durchgängigen Anschlussfähigkeit ist es wichtig, dass die Kompetenzen miteinander verknüpft werden *und* aufeinander aufbauen (Gissel, 2014).

Miteinander verknüpfte Kompetenzziele

Verknüpfen kann bedeuten: Für das *raumüberbrückende Dribbling* werden die Dribblingarten benötigt; vorrangig das Dribbeln mit dem Voll- und Außenspann. Das *ballsichernde Dribbling* setzt ebenfalls das Beherrschen der Dribblingarten voraus; hier werden unter Umständen alle Dribblingarten benötigt. Zudem ist mit dem Lösen vom Gegenspieler unmittelbar das schnelle Überwinden eines Raums ver-

[2] Ergänzt werden könnten und sollten sie durch Gedanken über Ausprägungsformen, die z. B. die festgehaltenen Fähigkeiten und Fertigkeiten annehmen können.

bunden. Möchte man sich zielgerichteter lösen (z. B. in Richtung gegnerisches Tor), sollte zudem eine Finte gekonnt werden. Um das *gegnerüberwindende Dribbling* ausführen zu können, werden wiederum die Dribblingarten benötigt; auch hier vorrangig das Dribbeln mit dem Voll- und Außenspann. Vor, während und nach dem Überwinden sind die Schüler auf das schnelle raumüberbrückende Dribbling angewiesen. Damit der Ball während des Überwindens nicht verloren geht, sollte darüber hinaus beherrscht werden, wie der Körper in hohem Tempo zwischen Ball und Gegenspieler gehalten und der Ball dabei mit dem gegnerfernen Fuß geführt werden kann; was beim ballsichernden Dribbling ohne große räumliche Bewegung erlernt werden kann. Ein variantenreiches Überwinden setzt zudem das Können von Finten voraus.

Aufeinander aufbauende Kompetenzziele

Aus den Verknüpfungen der Kompetenzziele ergibt sich automatisch eine Reihung der Unterrichtsthemen, die sicherstellt, dass die Kompetenzziele aufeinander aufbauen: 1) Dribblingarten, 2) raumüberbrückendes Dribbling, 3) ballsicherndes Dribbling ohne Finte, 4) ballsicherndes Dribbling mit Finte, 5) gegnerüberwindendes Dribbling ohne Finte, 6) gegnerüberwindendes Dribbling mit Finte.

Vorhandene Kompetenzen und die Prüfungsaufgabe als Ausgangspunkt

Ausgangspunkt dieses Planungsschritts sollten im Sinne der Schülerorientierung die bereits vorhandenen Kompetenzen der Schüler sein (Gissel, 2014). Die Heidelberger Sportpädagogen (2011) empfehlen zudem, bei der Planung von Unterrichtseinheiten vom Ende her zu denken. Gemeint ist hiermit die Prüfungsaufgabe, die die Schüler am Ende der Unterrichtseinheit bewältigen sollen. Sollte die Prüfungsaufgabe doch genau jene Kompetenzen diagnostizieren und überprüfen, die die Schüler im Rahmen der Unterrichtseinheit erwerben sollen.

1.2 Kompetenzerwerb mittels der Lernaufgabe gestalten

Wissens- und Könnenserwerb

Ausgehend von dem Konkretisieren der Kompetenzerwartungen kann nun die Frage in den Fokus gerückt werden, wie die Schüler die anvisierten *Kompetenzen erwerben* können (vgl. Frage 2). In anderen Worten sollte ein Kompetenzerwerbsschema erarbeitet werden. Zentral hierbei ist, dass sich dieses entsprechend der Unterscheidung von Kenntnissen und Fähigkeiten/Fertigkeiten aus zwei übergeordneten Festlegungsarten zusammensetzt:

a) Wissenserwerb gestalten,
b) Könnenserwerb gestalten.

Es geht folglich sowohl um didaktische (Wissenserwerb) als auch um methodische (Könnenserwerb) Entscheidungen. Beides mündet bzw. verschmilzt im kompetenzorientierten Sportunterricht in einem neuen Aufgabenformat (Heidelberger Sportpädagogen, 2011).

Lernaufgabe als neues Aufgabenformat

Wie in anderen Schulfächern hat sich auch im Fach Sport der Begriff der *Lernaufgabe* für dieses in einem kompetenzorientierten Unterricht notwendig gewordene Aufgabenformat durchgesetzt (Pfitzner, 2014).

Definition Lernaufgabe

Definiert werden kann die Lernaufgabe als „eine methodische Maßnahme der Kompetenzorientierung … und bezieht sich … auf ein Zusammenwirken von Wissen und Handeln im Situationsbezug auf der Grundlage einer generellen Bereitschaft (Wollen)" (Pfitzner, 2012).

Aus Lehrersicht geht es konkret darum, die Schüler vor ein Bewegungsproblem zu stellen und Unterrichtsarrangements zu schaffen, die kognitive und motorische Lernsituationen miteinander verbinden und von Schülern mithilfe ihrer erlernten Kompetenzen bewältigt werden können bzw. sollen.

Beispiel für eine Lernaufgabe

Ein Bewegungsproblem kann sein, dass Schüler verschiedene Dribblingparcours durchdribbeln sollen. Während und zwischen den Durchgängen sollen sie in Kleingruppen über zwei Fragen nachdenken und diese diskutieren:

- Mit welchen Teilen des Fußes berührt ihr den Ball während des Dribblings?
- Wie genau haltet ihr den Fuß dabei?
- Mit welchen Teilen des Fußes berührt ihr den Ball, wenn ihr geradeaus bzw. eine Kurve dribbelt?

Anschlussfähigkeit an die Definition von Kompetenzen im Sport

Entsprechend vereint die Lernaufgabe alle Bestandteile der Kompetenzen im Sport (vgl. oben stehende Definition):

- Kognitive Fähigkeiten sowie motivationale, volitionale und soziale Bereitschaften: Sie sind Voraussetzung dafür, dass Schüler Lösungen für Bewegungsprobleme suchen können und möchten und sie bereit sind, ihr Lösungen in variablen Situationen einzusetzen (Gogoll, 2012; Pfitzner, 2013).
- Motorische Fähigkeiten und Fertigkeiten: Sie sind Voraussetzung dafür, dass Schüler ihre Lösungen umsetzen können (Pfitzner, 2013).

Zentrale Kennzeichen

Zentrale Kennzeichen einer Lernaufgabe hat Pfitzner (Pfitzner, 2012, 2013, 2014) in Form von sieben Kriterien formuliert (vgl. Abb. 1).

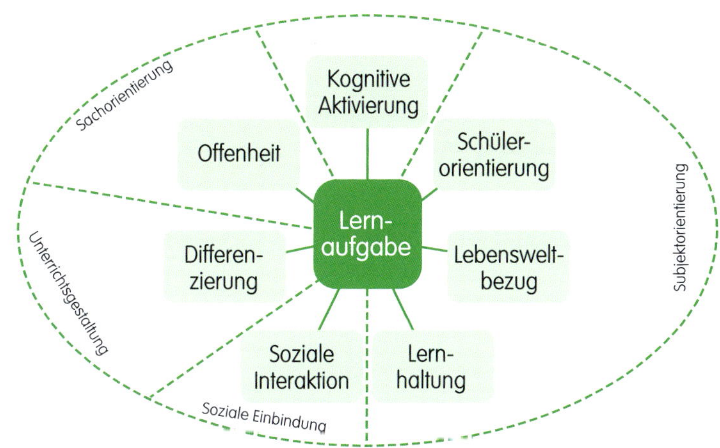

Abb. 1: Kriterien einer Lernaufgabe (Pfitzner, 2012; 2013; 2014)

Kognitive Aktivierung

Entsprechend der Idee des kompetenzorientierten Sportunterrichts, kognitive Prozesse zum Unterrichtsgegenstand zu machen, ist die kognitive *Aktivierung* ein zentrales Kriterium einer Lernaufgabe. Lernaufgaben sollen demnach immer so formuliert werden, dass die Schüler dazu angeregt werden, selbstständig Lösungen für das jeweils gestellte Bewegungsproblem zu suchen, sie auszuprobieren, zu reflektieren und zu üben.

Schüler-orientierung, Lebensweltbezug und Lernhaltung

Mit der *Schülerorientierung*, dem *Lebensweltbezug* und der *Lernhaltung* folgen drei Kriterien, die sich dem übergeordneten Prinzip der Subjektorientierung zuordnen lassen. Mit Schülerorientierung ist gemeint, dass sich Lehrer bei der Konzeption der Lernaufgaben die Frage stellen sollten, wie Schüler a) auf das gestellte Problem schauen und b) die Lösungssuche angehen könnten. Dies setzt voraus, dass sich Lehrer mit den sportbezogenen Lebenswelten der Schüler auseinandersetzen.

Beispiel für Lebensweltbezug

Mit Blick auf die Sportspiele können z. B. Fragen hilfreich sein, wie: Wie spielen Schüler in ihrer Freizeit? Wie handeln sie mit anderen Regeln aus? Wie erlernen sie, wie man einen Pass zum Mitspieler passt, einen Gegenspieler überwindet oder sich freiläuft? Wie versuchen sie, gemeinsam ein Tor zu erzielen bzw. zu verhindern?

Ziel sollte es also sein, sich bei der Formulierung einer Lernaufgabe an den Lebenswelten zu orientieren, um einen Transfer in beide Richtungen zu ermöglichen: Von der sportbezogenen Lebenswelt der Schüler in den Sportunterricht und wieder zurück in deren sportbezogene Lebenswelt. Gerade das Erschließen des Mehrgewinns für die eigene sportbezogene Lebenswelt kann bei Schülern dazu führen, dass sie eine Lernhaltung entwickeln, sich mit den gestellten Lernaufgaben auseinandersetzen zu wollen. Entsprechend, aber auch grundsätzlich sollten Lernaufgaben folglich so konzipiert sein, dass sie Schüler dazu motivieren, Lösungen zu entwickeln.

Soziale Interaktion, Differenzierung und Offenheit

Dem Prinzip sowie dem Bedürfnis der Schüler nach sozialer Einbindung folgend, sollten Lernaufgaben darüber hinaus dem Kriterium der sozialen *Interaktion* gerecht werden. Sie sollten demnach so gestellt sein, dass sich Schüler bspw. in Kleingruppen über ein Bewegungsproblem austauschen, gemeinsam Lösungen entwickeln und diskutieren, dabei eventuell Spielsituationen beobachten, zusammen analysieren und auswerten sowie im Anschluss gemeinsame Entscheidungen treffen. In Bezug auf die Unterrichtsgestaltung sollte eine Lernaufgabe zudem das Kriterium der *Differenzierung* erfüllen, da die Schüler in der Regel unterschiedliche Leistungsvoraussetzungen und Interessen in den Sportunterricht mitbringen. Bei der Konzeption einer Lernaufgabe sollte dies bspw. in der Form berücksichtigt werden, dass es Lernphasen gibt, im Rahmen derer herausgearbeitet wird, welche der erarbeiteten Lösungen einfacher bzw. schwerer sind oder unterschiedliche Lernwege angeboten werden, um das Umsetzen der Lösungen üben zu können. Ausgangspunkt für das Erkennen von Förderbedarf sollten die zuvor formulierten Kompetenzen sein, die erworben werden sollen. Im Sinne der Sachorientierung besteht das letzte Kriterium in der *Offenheit*. Demgemäß sollten Lernaufgaben erlauben, dass Schüler verschiedene Lösungen erarbeiten können und sollen. Zudem sollten Lernaufgaben offen sein für Schülerlösungen, die der Lehrer bei der Konzeption bspw. nicht bedacht hat, die aber dennoch – eventuell auch über Umwege – zum Ziel führen können. Ein wichtiger Teil des Kompetenzerwerbs im Sportunterricht sollte folglich der Lernprozess selbst sein (Pfitzner, 2012; 2013; 2014).

Ablauf

Mit Blick auf die Struktur, die einer Lernaufgabe gegeben werden kann, empfiehlt Leisen (2010) ein Modell mit sechs Stufen. Nach diesem Modell:

Allgemeines Ablaufmodell

1. entdecken die Schüler das Problem,
2. entwickeln eigene Vorstellungen davon,
3. werten Informationen aus,
4. erzeugen und diskutieren das Lernprodukt,
5. definieren und reflektieren den Lerngewinn und
6. üben sich im handelnden Umgang mit ihrem Wissen (Leisen, 2010; Neuber, 2014).

Allerdings ist Leisens Modell nicht explizit für den Sportunterricht entwickelt worden, weshalb eine zentrale Aufgabe darin bestehen wird, es an die Besonderheiten des kompetenzorientierten Sportunterrichts bzw. des kompetenzorientierten Unterrichtens der Sportart Fußball anzupassen (vgl. Kap. 2.2).

1.3 Zusammenfassung

Die Orientierung an In- und Output als ein zentrales Kennzeichen eines kompetenzorientierten Sportunterrichts hat für dessen Planung zwei zentrale Folgen: *Erstens* ist es notwendig, für kurz-, mittel- und langfristige Unterrichtsvorhaben Kompetenzerwartungen zu konkretisieren. *Zweites* muss festgelegt werden, wie die Kompetenzen vermittelt werden können bzw. wie die Schüler diese erwerben können.

Mit Blick auf das *Konkretisieren* der *Kompetenzerwartungen* bleibt festzuhalten, dass die Kompetenzerwartungen in den Bildungsplänen Sport der Länder als Haltungsziele formuliert sind bzw. aufgrund der Kompetenzorientierung entsprechend formuliert sein sollten. Hieraus ergibt sich die Notwendigkeit, dass die angestrebten Kompetenzen immer auf drei Ebenen konkretisiert werden müssen: Kenntnisse, Fähigkeiten/Fertigkeiten und Haltungen bzw. Bereitschaften. Ziel einer solchen Kompetenzexegese sollte es sein, über mehrere Wochen hinweg an einem Thema arbeiten zu können, die Lernschritte eindeutig sowie aufeinander aufbauend zu definieren sowie Querverbindungen innerhalb des Themas aufzuzeigen, um damit bei den Schülern einen Transfer von Wissen und Können auszulösen.

Das *Gestalten des Kompetenzerwerbs* erfolgt in Form einer Lernaufgabe, die sich an den Kriterien kognitive Aktivierung, Schülerorientierung, Lebensweltbezug, Lernhaltung, soziale Interaktion, Differenzierung und Offenheit orientieren sollte. Mit Blick auf deren Ablauf existiert bislang kein Modell für den Sportunterricht; Orientierung bietet jedoch Leisens allgemeines Ablaufmodell.

Ein Kompetenzerwerbsmodell für die Sportart Fußball

2.1 Das Fußballspiel vereinfachen

Technik und Taktik

Regeln

Zusammenfassung

2.2 Kompetenzerwerb für die Sportart Fußball gestalten

Grundspiel: Lösungen für die Frage „Was mache ich wann?“ erarbeiten

Lernaufgabe: Lösungen für die Frage „Wie mache ich es?“ erarbeiten, ausprobieren und üben

Grundspiel: Zusammenhänge in Bezug auf die Frage „Was mache ich wann wie?“ nachvollziehen und Erlerntes anwenden

Zusammenfassung

Kapitel

2

Entsprechend der zusammenfassenden Überlegungen zu den Grundlagen eines kompetenzorientierten Sportunterrichts ist es notwendig, *die Kompetenzerwartungen für die Sportart Fußball zu konkretisieren* sowie den *Kompetenzerwerb mittels der Lernaufgabe zu gestalten.*

Ausgangspunkt für das *Konkretisieren von Kompetenzerwartungen* sollten die bei den Schülern vorzufindenden fußballerischen Leistungsvoraussetzungen und -fähigkeiten sein. Da diese sehr unterschiedlich ausgeprägt sein können, müssen dem Konkretisieren zunächst Überlegungen dazu vorausgehen, wie die Anforderungen der Sportart Fußball an diese Leistungsvoraussetzungen und -fähigkeiten angepasst werden können. Konkret muss es in einem ersten Schritt also darum gehen, Vereinfachungsmöglichkeiten systematisch darzustellen. Davon ausgehend ist es in einem zweiten Schritt möglich, Kompetenzziele für unterschiedliche Leistungsniveaus zu formulieren und diese in einem abschließenden Arbeitsschritt zu konkretisieren (vgl. Kap. 3).

Mit Blick auf das *Gestalten des Kompetenzerwerbs mittels der Lernaufgabe* gilt es, die erarbeiteten Erkenntnisse mit allgemeinen Überlegungen zur Sportspielvermittlung zu verknüpfen. Ziel muss es sein, ein Kompetenzerwerbsmodell für die Sportart Fußball zu entwickeln, das als Kern die Lernaufgabe hat und zugleich ermöglicht, konkretisierte Kompetenzziele im Rahmen von bspw. mehrwöchigen Unterrichtseinheiten, aber auch klassenstufenübergreifend miteinander zu verknüpfen sowie schrittweise zu erarbeiten.

2.1 Das Fußballspiel vereinfachen

Ziel des kompetenzorientierten Unterrichtes der Sportart Fußball sollte es sein, dass jeder Schüler von Beginn an mitspielen kann. Hierfür ist es erforderlich, das Fußballspiel bzw. dessen Anforderungen zu vereinfachen. In der sportpädagogischen Literatur werden verschiedene Vereinfachungsstrategien genannt; zu den zentralen gehören:

- die Vereinfachung von Regeln, Technik, Taktik und Rahmenbedingungen/Inventar sowie
- die Reduzierung der Spielerzahl und
- die Anpassung der Spielfeldgröße an die Spieleranzahl (vgl. u. a. Kuhlmann, 2001; Kuhlmann, 2007; Söll, 2011).

Wie bereits von Kuhlmann (2001) festgestellt, sind diese Vereinfachungsstrategien zum Teil jedoch nicht trennscharf bzw. bedingen sich gegenseitig. So kann eine Reduzierung der Spieleranzahl oder der Regeln zu einer Vereinfachung der technischen und taktischen Anforderung führen oder die Rahmenbedingungen in der Schule können die Spielfeldgröße beeinflussen.

Im Folgenden wird bei der Darstellung der Vereinfachungsstrategien vom Ende her gedacht: In den Bildungsplänen Sport der Länder sind die inhaltsbezogenen Kompetenzen für die Sportart Fußball in drei Kategorien eingeteilt.

Vereinfachungskategorien

1. Technik
2. Taktik
3. Regeln

Entsprechend wird erläutert, wie die Anforderungen innerhalb dieser Kategorien vereinfacht werden können.

Technik und Taktik

Die Kategorien Technik und Taktik werden gemeinsam bearbeitet. Unter *Technik* werden dabei alle motorischen Spielhandlungen verstanden, die „situationsspezifisch effizient, d. h. unter Zeit-, Raum- und Gegnerdruck, präzise und zielbestimmt ausgeführt werden“ (Bisanz & Gerisch, 2013), unter *Taktik* „alle organisierten Maßnahmen …, die darauf ausgerichtet sind, die Spielziele zu erreichen“ (Bisanz & Gerisch, 2013). Um die taktischen Fähigkeiten noch weiter ausdifferenzieren und damit systematischer darstellen zu können, wird darüber hinaus zwischen Individual-, Gruppen- und Mannschaftstaktik unterschieden. Unter *Individualtaktik* werden ausschließlich Handlungen eines Einzelspielers verstanden, mittels derer er in der Offensive und Defensive Spielsituationen alleine bewältigen kann. Können und sollen Spielsituationen von zwei oder mehr Spielern einer Mannschaft gelöst werden, fällt dies in die Kategorie *Gruppentaktik*. Von *Mannschaftstaktik* wird dann gesprochen, wenn die Handlungen aller Spieler einer Mannschaft aufeinander abgestimmt sind, um Spielsituationen gemeinsam zu bewerkstelligen (Bisanz & Gerisch, 2013).

Regeln

Daran anschließend werden Vereinfachungsmöglichkeiten für die Kategorie *Regeln* herausgearbeitet. Die Grundlage dieses zweiten Arbeitsschritts stellen die Fußball-Regeln des Deutschen Fußball-Bunds (2020) dar.

Technik und Taktik

Um bei der Vermittlung von Sportspielen in der Schule eine Überforderung der Schüler zu vermeiden, empfiehlt Söll (2011), mit der geringstmöglichen Spieleranzahl zu beginnen. Darüber hinaus weist er darauf hin, in Abhängigkeit von der Spielfeldgröße die Spieleranzahl pro Mannschaft nicht zu groß zu wählen. Kuhlmann (2001) formuliert den letzteren Aspekt treffend in Form der Frage „Wie lassen sich Spieleranzahl und Spielfeldgröße optimal zusammenführen?".

Zentrale Stellschrauben

Die beiden zentralen Stellschrauben bei der Vereinfachung der technischen und taktischen Anforderungen sind folglich:
a) die Spieleranzahl pro Mannschaft und
b) die Spieleranzahl pro Mannschaft im Verhältnis zur Spielfeldgröße.

Entscheidend für den Schulalltag ist davon ausgehend die Frage, wie sich die technischen und taktischen Anforderungen konkret ändern, wenn an den beiden Stellschrauben gedreht wird. Der Begriff „ändern" ist bewusst gewählt, da in beide Richtungen gedacht werden muss: Zunächst geht es darum, die technischen und taktischen Anforderungen zu vereinfachen. Für die Schule ist es jedoch zudem wichtig zu wissen, wie sich die Anforderungen im Anschluss wieder schrittweise erhöhen lassen.

Im Folgenden wird *erstens* der Einfluss der Spieleranzahl pro Mannschaft sowie *zweitens* der Einfluss der Spieleranzahl pro Mannschaft im Verhältnis zur Spielfeldgröße auf die technischen und taktischen Anforderungen dargestellt.

Einfluss der Spieleranzahl pro Mannschaft

Weniger Spieler = weniger Komplexität

Die Spieleranzahl pro Mannschaft hat erheblichen Einfluss auf die technischen und taktischen Anforderungen. Je weiter die Spieleranzahl reduziert wird, desto weniger umfangreich und komplex werden sie. Gezeigt wird dies, indem nachfolgend für die Spiele 1 gegen 1, 2 gegen 2 und 3 gegen 3 überblicks- sowie beispielhaft jeweils die technischen und taktischen Anforderungen herausgearbeitet werden. *Zentraler Ausgangspunkt der Vereinfachungsüberlegungen ist dabei, dass taktische Fähigkeiten und technische Fertigkeiten immer an konkrete Spielsituationen gebunden sind.* Eine tabellarische Darstellung und eine ausführliche Erläuterung der taktischen Fähigkeiten und technischen Fertigkeiten in Form von Taktik- und Technikleitbildern findet in Kapitel 3 statt.

Spielsituationen 1 gegen 1

Wird die Spieleranzahl auf einen Schüler pro Mannschaft reduziert, gibt es zwei grundlegende Spielsituationen: Ich habe den Ball oder mein Gegenspieler hat den Ball. Zugleich sind mit dem Spiel 1 gegen 1 ausschließlich individualtaktische Fähigkeiten verbunden. In der Offensive sind dies einen freien Raum überbrücken, den Ball sichern oder den Gegenspieler überwinden zu können. Damit verbunden ist jeweils die Fertigkeit des Dribblings bzw. ggf. eine Finte, wenn ein Gegenspieler überwunden oder der Ball gesichert werden soll. Wird mit Dribblingtoren gespielt, wird die Fertigkeit des Passens noch ausgespart. In der Defensive wird die individualtaktische Fähigkeit benötigt, einen Gegenspieler verteidigen zu können.

Spielsituationen 2 gegen 2

Wird die Spieleranzahl auf zwei Spieler pro Mannschaft erhöht, ergeben sich in der Offensive und Defensive neue Spielsituationen, die neue individualtaktische Fähigkeiten und Fertigkeiten erfordern. In der Offensive kann nun mein Mitspieler den Ball haben, was bedeutet, dass ich mich anbieten und freilaufen können muss. Darüber hinaus kann ich den Ball haben und mein Mitspieler hat sich freigelaufen. Entsprechend wird erstmals die Fertigkeit des Passens benötigt. Wird mit Passtoren gespielt, gilt dies auch, wenn ich in Tornähe den Ball habe und das Tor frei ist. In der Defensive ergibt sich z. B. die neue Situation, dass mein Gegenspieler den Ball nicht hat, was dazu führt, dass die individualtaktische Fähigkeit hinzukommt, einen Gegenspieler decken zu können. Neu ist auch, dass erstmals gruppentaktische Fähigkeiten benötigt werden, um bspw. eine Gleichzahlsituation in der Offensive durch einen Doppelpass oder ein Hinterlaufen des Mitspielers lösen zu können. Hier gilt für die Defensive, dass erlernt werden muss, wie ein Doppelpass oder Hinterlaufen verteidigt werden kann.

Spielsituationen 3 gegen 3

Wie im Spiel 2 gegen 2 treten auch im Spiel 3 gegen 3 Spielsituationen auf, die von allen Spielern einer Mannschaft gemeinsam gelöst werden können und sollten. Durch die Hinzunahme eines dritten Spielers können diese erstmals als mannschaftstaktisch eingestuft werden. In der Offensive sind dies bspw. die Fähigkeiten, das Spiel aus einer Grundordnung heraus systematisch aufzubauen und eine Torchance herausspielen zu können. Für die Defensive wird die Fähigkeit relevant, den Ballgewinn aus einer Grundordnung heraus systematisch vorbereiten zu können. Neue individual- oder gruppentaktische Fähigkeiten sowie technische Fertigkeiten ergeben sich aus dem Spiel 3 gegen 3 nicht. Allerdings werden für die Umsetzung der mannschaftstaktischen Fähigkeiten gruppentaktische Fähigkeiten und technische Fertigkeiten aus den Spielen 1 gegen 1 bzw. 2 gegen 2 benötigt.

Einfluss des Verhältnisses von Spieleranzahl zu Spielfeldgröße

Größeres Feld = niedrigerer Zeit- und Präzisionsdruck

Das Verhältnis von Spieleranzahl und Spielfeldgröße ist – um im Bild zu bleiben – die kleinere der beiden Stellschrauben. Kleiner in dem Sinne, dass durch ein Drehen an dieser vornehmlich der Zeitdruck, unter dem taktische Entscheidungen getroffen und umgesetzt, sowie der Präzisionsdruck, unter dem Techniken ausgeführt werden müssen, reduziert oder erhöht werden. Wird das Feld bei konstanter Spieleranzahl immer weiter verkleinert, bleibt in der Regel weniger Zeit, bis der Gegenspieler angreift. Zudem führt der kleinere Raum dazu, dass bspw. Pässe zum Mitspieler genauer gespielt werden müssen (zu Koordination unter Druckbedingungen vgl. Kröger, Roth & Schmidt, 2014).

Zu großes Feld = zu hoher Belastungsdruck

Die Lösung für die größtmögliche Vereinfachung könnte nun lauten, das Spielfeld im Verhältnis zur Spieleranzahl maximal groß zu machen, um den Zeit- und Präzisionsdruck auf ein Minimum zu reduzieren. Dies ist jedoch nicht nur unvereinbar mit den Rahmenbedingungen in der Schule, sondern führt auch dazu, dass der physische Belastungsdruck größer bzw. zu groß wird, weil zu weite Wege gelaufen werden müssen.

Um die Stellschraube Verhältnis von Spieleranzahl und Spielfeldgröße zur Vereinfachung bzw. Erschwerung sinnvoll einsetzen zu können, bietet es sich an, zunächst nach einem Verhältnis zwischen Spieleranzahl und Spielfeldgröße zu suchen, das als ausgewogen im Sinne eines angemessenen Zeit-, Präzisions- und Belastungsdrucks eingestuft werden kann. Eine allgemeingültige Formel kann es hierfür nicht geben, da bspw. Schüler in der Klassenstufe 11 im Verhältnis zur Spieleranzahl ein eher größeres Spielfeld brauchen als Schüler der Klassenstufe 7. Gleiches gilt für im Durchschnitt schwächere Sportkurse im Vergleich zu stärkeren Sportkursen. Ein Anhaltspunkt soll dennoch gegeben werden:

Anhaltspunkt für ein angemessenes Verhältnis

- Spielfeldlänge = Spieleranzahl pro Mannschaft x 8
- Spielfeldbreite = Spieleranzahl pro Mannschaft x 4

Auf der Grundlage dieser (nicht allgemeingültigen) Formel ergibt sich bspw. für das Spiel 2 gegen 2 eine (theoretisch angemessene) Spielfeldgröße von 16 x 8 Metern. Entscheidend für eine sinnvolle Wahl der Spielfeldgröße wird am Ende jedoch vor allem der für den Sportunterricht zur Verfügung stehende Raum sein sowie die Anzahl der Schüler im Sportkurs.

Beispiel

Im Sportunterricht einer 8. Klasse soll ein 2 gegen 2 auf Passtore gespielt werden, unterrichtet wird in einer Sporthalle, die sich mit Trennwänden in Drittel einteilen lässt, das mittlere Hallendrittel steht für die Durchführung des Unterrichts zur Verfügung. Das Hallendrittel ist 27 Meter lang und 15 Meter breit. Grundsätzlich sind nun verschiedene Varianten der Spielfeldbildung möglich.

- **Variante 1:** Das Hallendrittel wird der Länge nach in zwei Spielfelder aufgeteilt. Ein Spielfeld ist rund 15 Meter lang und 13,5 Meter breit.
- **Variante 2:** Das Hallendrittel wird der Länge nach in drei Spielfelder aufgeteilt. Ein Spielfeld ist rund 15 Meter lang und 9 Meter breit.
- **Variante 3:** Das Hallendrittel wird der Länge nach in vier Spielfelder aufgeteilt. Ein Spielfeld ist rund 15 Meter lang und 6,75 Meter breit.
- **Variante 4:** Das Hallendrittel wird der Länge und der Breite nach geteilt, sodass insgesamt 4 Felder entstehen. Ein Spielfeld ist rund 13,5 Meter lang und 7,5 Meter breit.

Zieht man die rechnerisch ermittelte Spielfeldgröße von 16 x 8 Metern heran, wäre Variante 1 angebracht, wenn der Zeit- und Präzisionsdruck möglichst gering gehalten werden soll. Dagegen spricht, dass sich nur acht Schüler gleichzeitig bewegen. Variante 2 würde der rechnerisch ermittelten Feldgröße am nächsten kommen; der Zeit- und Präzisionsdruck wäre (noch) angemessen. Insgesamt könnten mit dieser Variante zwölf Schüler gleichzeitig spielen. Die schwersten Druckbedingungen würden die Schüler in Variante 3 und 4 vorfinden; gemessen an der Quadratmeterzahl sind die Felder identisch. Allerdings könnten 16 Schüler zugleich aktiv sein.

Abgleich mit anderen unterrichtsrelevanten Entscheidungen notwendig

Im Ergebnis bleibt es die Aufgabe des Sportlehrers – ausgehend von seinen Unterrichtszielen, dem Alter, Leistungsniveau sowie der Anzahl der Schüler, dem zur Verfügung stehenden Raum oder einsetzbaren Organisationformen – zu entscheiden, wie groß das Spielfeld im Verhältnis zur Spieleranzahl gewählt werden soll. Das Wissen über die Funktionsweise dieser Stellschraube muss also stets aufs Neue mit anderen unterrichtsrelevanten Entscheidungen abgeglichen werden.

Regeln

Konstitutive Regeln und Handlungsregeln

Insgesamt umfassen die aktuellen Fußball-Regeln des Deutschen Fußball-Bunds 17 Regeln, die auf insgesamt 164 Seiten ausgeführt werden (Deutscher Fußball-Bund, 2020). Unterscheiden lassen sich dabei *kon-*

stitutive Regeln, also Festlegungen in Bezug auf z. B. das Spielfeld, den Ball, die Spieler oder die Dauer des Spiels, sowie *Handlungsregeln*, d. h. bspw. Bestimmungen, mit welchem Körperteil der Ball nicht berührt werden darf oder welche Aktionen als Foul geahndet werden (zur Unterscheidung vgl. u. a. Digel, 1980).

Nicht alle der 17 Regeln sind für den Schulfußball relevant; weggelassen werden können die Regeln:

- Ausrüstung der Spieler,
- Schiedsrichter,
- weitere Spieloffizielle und
- Abseits.

Es verbleiben 13 Regeln, die für den Schulfußball zum Teil zusammengefasst sowie in ihrer Detailliertheit deutlich gekürzt werden können. Als Vorschlag verbleiben fünf übergeordnete Regelkategorien (vgl. Abb. 2).

Schulfußball-Regel mit 5 Kategorien

Ausgehend von der Reduktion der Regelkategorien wird im Folgenden dargestellt, wie die Regeln innerhalb der fünf Kategorien vereinfacht sowie entsprechend der in Schulen vorzufindenden Rahmenbedingungen modifiziert werden können. Ziel ist es, einen Vorschlag für Schulfußball-Regeln zu entwickeln.

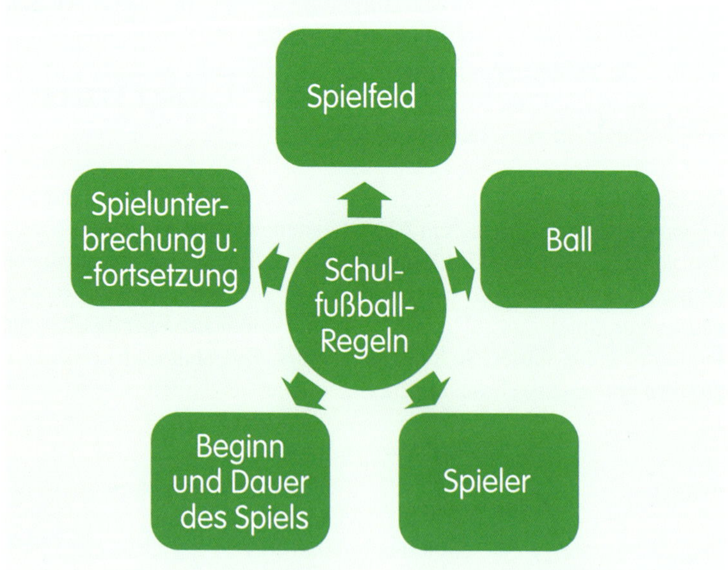

Abb. 2: Kategorien der Schulfußball-Regeln (eigene Darstellung)

Spielfeld

- Abgrenzung

  Festgelegt werden muss, ob mit Auslinien und/oder Bande gespielt wird. Als Bande kann bspw. auf vorhandene Hallen-/Trennwände und/oder Langbänke zurückgegriffen werden. Beim Rückgriff auf Hallen-/Trennwände/Langbänke sollte die Verletzungsgefahr geprüft werden. Vereinfachend kann ein Spiel mit Bande in dem Sinne sein, dass sie technische Unzulänglichkeiten auffangen kann; bspw. rollt ein schlecht angenommener Ball nicht in das Aus.

- Strafraum

  Wird mit Torhüter gespielt, sollte ein Strafraum markiert werden, in dem der Torhüter den Ball mit der Hand berühren darf. In der Sporthalle kann hierfür oftmals auf vorhandene Markierungslinien anderer Sportarten zurückgegriffen werden. Alternativ kann ein Strafraum mit Markierungskegeln gekennzeichnet werden. In beiden Fällen ist es ausreichend, wenn die Tiefe des Strafraums markiert wird. In der Breite des Feldes kann sich ein Strafraum jeweils bis zu den seitlichen Auslinien/Banden erstrecken.

- Tore

  Neben in Hallen eventuell vorhandenen Handballtoren oder an den Hallenwänden angezeichneten Toren können Tore mit Markierungskegeln, Langbänken, Turnkästen, Oberteilen von Sprungkästen oder Turnmatten gebildet werden. Langbänke, Turnkästen oder Oberteile von Sprungkästen haben das Potenzial, auch als Rückpralltore eingesetzt werden zu können. Mit Markierungskegeln können Dribblingtore gebildet werden, die nicht überspielt, sondern überdribbelt werden müssen. Übergreifend gilt, dass Tore immer so groß sein sollten, dass jeder Schüler ein Tor erzielen kann; nur dann kann er einen zentralen Teil der Spielidee einlösen: Tore erzielen.

Ball

Im Sinne einer Vereinfachung eignet sich aufgrund des reduzierten Sprungverhaltens für das Spielen in der Sporthalle ein Futsal-Ball. Um eventuell vorhandenen Ängsten entgegenzuwirken, kann alternativ (zumindest einführend) mit einem Schaumstoffball gespielt werden. Wird im Freien gespielt, eignet sich ein Fußball am besten. Wird mit einem Fußball oder Futsal-Ball gespielt, sollte darauf geachtet werden, dass zumindest in Klasse 7 noch mit einem leichteren Ball gespielt wird (sofern in der Schule verfügbar; Fußball: 350 g anstatt 430 g; Futsal-Ball: 360 g anstatt 440 g).

Spieler

Jede Mannschaft darf nur mit einer festgelegten Anzahl an Spielern spielen. Wird bspw. im 3 gegen 3 gespielt, jede Mannschaft umfasst jedoch 4 Spieler, muss der Auswechselvorgang geregelt werden. Hierbei sollte darauf geachtet werden, dass jeder Spieler ungefähr gleich viel Spielzeit erhält. Wird darüber hinaus mit einem festen Torhüter gespielt, muss auch dieser Wechselvorgang geregelt werden. Aus organisatorischer Sicht ist es sinnvoll, die Wechselreihenfolge innerhalb der Mannschaften vorab festzulegen.

Beginn und Dauer des Spiels

Das Spiel kann auf verschiedene Arten begonnen werden. Zur Auswahl stehen ein Anstoß in der Mitte des Feldes, ein Einrollen/-werfen des Balls durch eine dritte Person oder durch einen Pass vom eigenen Tor aus. Erhält eine Mannschaft jeweils zu Spielbeginn den Ball, sollte den Schülern erläutert werden, warum die Mannschaft das Anspielrecht erhalten hat.

Faustregel für die Dauer eines Spiels

Als Faustregel für die Dauer eines Spiels gilt, dass diese nicht länger sein sollte (in Minuten) als Spieler auf dem Feld sind. Wird im 2 gegen 2 gespielt, sollte die Spielzeit also maximal bei 4 Minuten liegen. Durch Wechsel von Spielpaarungen können mehrere Spiele nacheinander gespielt werden. Allerdings sollte auf ausreichende Pausen zwischen den Spielen geachtet werden.

Spielunterbrechung und -fortsetzung

Im Falle einer Spielunterbrechung sollten Schüler wissen, wie das Spiel im Anschluss fortgesetzt wird. Entsprechend sollten erstens alle Situationen durchdacht werden, die zu einer Spielunterbrechung führen könnten, sowie zweitens festgelegt werden, wie das Spiel nach der betreffenden Unterbrechung fortgesetzt wird. Zentrale Unterbrechungen und mögliche Spielfortsetzungen sind:

Aus!

Spiel in der Sporthalle

- Ball im Aus
  Der Ball ist dann im Aus, wenn er die Auslinie am Boden oder in der Luft mit vollem Umfang überschreitet.
  Spiel in der Sporthalle: Überschreitet der Ball die seitliche Auslinie, sollte grundsätzlich mit Einrollen, flachem Einpassen oder Eindribbeln weitergespielt werden. Gerade bei Spielen mit wenigen Spie-

lern pro Mannschaft sollte die Option Eindribbeln – neben dem Einrollen oder Einpassen – als Möglichkeit der Spielfortsetzung angeboten werden. Andernfalls hat die das Spiel fortsetzende Mannschaft einen deutlichen Nachteil, da sie einen Spieler weniger auf dem Spielfeld hat. Wird der Ball von der verteidigenden Mannschaft über die eigene Grundlinie gespielt, bietet es sich an, das Spiel am Eckpunkt mit flachem Einpassen (im Sinne eines Eckballs) oder Eindribbeln fortsetzen zu lassen. Spielt die angreifende Mannschaft den Ball über die gegnerische Grundlinie, empfiehlt es sich, dass die zuvor verteidigende Mannschaft das Spiel an ihrem Tor durch ein Dribbling bzw. einen Pass zu einem Mitspieler fortsetzen darf. Auch wenn mit Torhüter gespielt wird, darf dieser den Ball nicht mit der Hand in das Spiel bringen.

Spiel im Freien

Spiel im Freien: Bei einem Spiel ab der Größe 4 gegen 4 plus Torhüter kann mit Einwurf bzw. Eckball gespielt werden, wenn der Ball die seitliche Auslinie überschreitet bzw. von der verteidigenden Mannschaft über die eigene Grundlinie gespielt wird. Spielt die angreifende Mannschaft den Ball über die gegnerische Grundlinie, sollte für die Sportfortsetzung auf die Regelung für das Spiel in der Sporthalle zurückgegriffen werden.

- Ball im Tor

Tor!

Grundsätzlich gilt, dass der Ball dann im Tor ist, wenn er die Torlinie (innerhalb des Tores) am Boden oder in der Luft mit vollem Umfang überschreitet. Aufgrund der unterschiedlichen Tore, die im Schulsport eingesetzt werden können, muss bzw. kann diese Regel angepasst werden.

Wird mit Passtoren gespielt, die mit Markierungskegeln gebildet werden, kann es sinnvoll sein, dass ein Tor ausschließlich zählt, wenn der Ball die Torlinie am Boden überschreitet. Bei dem Einsatz von Dribblingtoren ist ein Tor dann erzielt, wenn der Schüler die gegnerische Torlinie überdribbelt und den Ball nach der Torlinie mindestens noch einmal berührt. Werden Langbänke, Turnkästen, Oberteile von Sprungkästen oder Turnmatten als Tore eingesetzt, kann die Regel lauten, dass ein Tor dann erzielt ist, wenn der Ball die gegnerische Frontseite der Langbank, des Turnkastens, des Sprunkastenoberteils oder der Turnmatte berührt.

Um die Spielunterbrechung nach einem Tor möglichst kurz zu halten, ist es empfehlenswert, das Spiel im Anschluss nicht mit einem Anspiel in der Mitte des Spielfeldes fortzusetzen. Sinnvoller ist bspw. die Regel, dass die Mannschaft, die ein Gegentor hinnehmen musste, den Ball am eigenen Tor bekommt und das Spiel mit einem Dribbling oder Pass fortsetzen darf. Werden Langbänke, Turnkästen, Oberteile von Sprungkästen oder Turnmatten als Rückpralltore eingesetzt, können die Schüler mit dieser Regel das Spiel nach einem Tor noch schneller fortsetzen.

- Fouls und unsportliches Betragen
  Foul! Unsportlichkeit!
  Unter Foul und unsportlichem Betragen wird in den Fußball-Regeln des Deutschen Fußball-Bunds Folgendes verstanden: „Rempeln, Anspringen, Treten oder versuchtes Treten, Stoßen, Schlagen (einschließlich Kopfstößen), Tackling mit dem Fuß (Tackling) oder Angriff mit einem anderen Körperteil, Beinstellen oder versuchtes Beinstellen, Absichtliches Handspiel (gilt nicht für den Torhüter im eigenen Strafraum)“ sowie „Halten des Gegners, Sperren des Gegners mit Körperkontakt oder Anspucken des Gegners“ (Deutscher Fußball-Bund, 2020). Als Handspiel kann vereinfachend festgelegt werden, dass dies immer dann der Fall ist, wenn ein Schüler den Ball absichtlich mit dem Arm oder der Hand berührt.
  Direkter und indirekter Freistoß
  In Abhängigkeit vom Vergehen wird in den Fußball-Regeln zwischen direktem und indirektem Freistoß unterschieden. In der Schule ist es in der Regel ausreichend, das Spiel nach einem Vergehen ausschließlich mit einem indirekten Freistoß fortzusetzen. Ausgeführt wird der indirekte Freistoß am Ort des Vergehens. Als Regel gilt: Ein Tor zählt nach einem indirekten Freistoß nur, wenn ein zweiter Spieler den Ball vor dem Überschreiten der Torlinie berührt hat. Bei Spielen mit wenigen Spielern pro Mannschaft sollte den Schülern darüber hinaus die Möglichkeit gegeben werden, das Spiel am Ort des Vergehens mit einem Dribbling fortzusetzen (analog zur Regelung, wenn der Ball im Aus ist). Eine Ausnahme von dieser Regel kann eingeführt werden, wenn mit Strafräumen gespielt wird und eines der Vergehen im eigenen Strafraum stattfindet. In diesem Fall kann der angreifenden Mannschaft ein (direkter) Strafstoß zugesprochen werden.

Zusammenfassung

Ziel des vorliegenden Teilkapitels war es, Vereinfachungsmöglichkeiten für die Anforderungen innerhalb der drei Kategorien *Regeln, Taktik* und *Technik* herauszuarbeiten.

Für die Vereinfachung der *taktischen Fähigkeiten und technischen Fertigkeiten* konnten die beiden Stellschrauben *Spieleranzahl pro Mannschaft* und *Spieleranzahl pro Mannschaft im Verhältnis zur Spielfeldgröße* ausgemacht werden. Im Sinne einer Reihenfolge bietet es sich an, zunächst die Spieleranzahl pro Mannschaft soweit zu reduzieren, bis die gewünschten Vereinfachungen erreicht sind, und daran anschließend die Spielfeldgröße an die Spieleranzahl anzupassen.

Der Einfluss der *Spieleranzahl pro Mannschaft* auf die taktischen Fähigkeiten und technischen Fertigkeiten wurde anhand der Spiele 1 gegen 1, 2 gegen 2 und 3 gegen 3 überblickhaft aufgezeigt (vgl. Kap. 3 für eine ausführliche Darstellung).

Das *Verhältnis von Spieleranzahl pro Mannschaft und Spielfeldgröße* sollte so gewählt werden, dass es als ausgewogen im Sinne eines angemessenen Zeit-, Präzisions- und Belastungsdrucks für die Ausführung der taktischen Fähigkeiten und technischen Fertigkeiten eingestuft werden kann. Als Orientierung für ein angemessenes Verhältnis wurde eine Formel vorgeschlagen. Aufgrund der insgesamt vielen unterrichtsrelevanten Entscheidungen bleibt es jedoch die Aufgabe des Lehrers, die Formel an die Rahmenbedingungen seines Unterrichts anzupassen.

Die insgesamt 17 offiziellen Fußball-Regeln des Deutschen Fußball-Bunds wurden zu den Schulfußball-Regeln mit den fünf Kategorien Spielfeld, Ball, Spieler, Beginn und Dauer des Spiels sowie Spielunterbrechung und -fortsetzung zusammengefasst.

2.2 Kompetenzerwerb für die Sportart Fußball gestalten

Ziel und Vorgehen

Ziel des vorliegenden Teilkapitels ist es, ein Kompetenzerwerbsmodell für die Sportart Fußball zu entwickeln. Hierfür werden die in den Kapiteln 1 und 2.1 erarbeiteten Erkenntnisse in Form von Anforderungen an ein Kompetenzerwerbsmodell zusammengefasst und im Anschluss mit allgemeinen Überlegungen zur Sportspielvermittlung verknüpft.

Fünf Anforderungen an ein Kompetenzerwerbsmodell

Aus den erarbeiteten Erkenntnissen lassen sich fünf konkrete Anforderungen an ein Kompetenzerwerbsmodell für die Sportart Fußball ableiten:

1. Ausgangspunkt ist eine konkrete Spielsituation, also das Spielen.

2. Die Spiele werden durch taktik-, technik- und regelbezogene Vereinfachungsmöglichkeiten an die fußballerischen Leistungsvoraussetzungen und -fähigkeiten der Schüler angepasst.

3. Der Kompetenzerwerb wird mittels der Lernaufgabe gestaltet.

4. Das Spielen und die Lernaufgabe werden miteinander verbunden, damit Schüler ausgehend von einer Spielsituation in einem Spiel die zur erfolgreichen Bewältigung notwendigen taktischen Fähigkeiten und technischen Fertigkeiten erlernen und das Erlernte wieder in das Spiel transferieren und dort anwenden können.

5. Der Zusammenhang zwischen taktischen Fähigkeiten und technischen Fertigkeiten bzw. zwischen individual-, gruppen- und mannschaftstaktischen Fähigkeiten wird abgebildet.

Möchte man diese Anforderungen mit allgemeinen Überlegungen zur Sportspielvermittlung verknüpfen, wird zunächst ersichtlich, dass kein Vermittlungsmodell für die Sportart Fußball existiert, das explizit kompetenzorientiert konzipiert ist. Dennoch muss es das Ziel sein, auf der Grundlage der formulierten Anforderungen zu überlegen, auf welchen Konzepten der Sportspielvermittlung ein Kompetenzerwerbsmodell für die Sportart Fußball fußen kann.

Zentrale Konzepte der Sportspielvermittlung

Hinsichtlich der Konzepte wurden in den letzten Jahrzehnten vor allem die Spielmethode, die Technikmethode und das Taktikspielmodell diskutiert.[4] In Sinne einer sehr reduzierten Darstellungsweise werden bei der *Spielmethode* ausschließlich Spielformen mit einer großen Nähe zum Zielspiel eingesetzt, bei der *Technikmethode* zunächst die Techniken isoliert geübt, bevor sie in das Spiel integriert werden, beim *Taktikspielmodell* werden vereinfachte Spielformen gespielt, Spielsituationen besprochen und die notwendigen Techniken geübt sowie wieder in die Spielform eingeführt (ausführlich vgl. u. a. Allgäuer, Brielmayer, Lutz & König, 2016; Dietrich et al., 2012; Roth, 2005).

Anknüpfungspunkt Taktikspielmodell

Verknüpft man die fünf Anforderungen mit den Konzepten, wird deutlich, dass sich nicht alle Konzepte mit diesen vereinbaren lassen. Wird bspw. Anforderung 1 herangezogen, scheidet die Technikmethode aus. Gleiches gilt für die Spielmethode bei Anlegen der Anforderung 2. Als einziges Konzept verbleibt das Taktikspielmodell, das die Anforderungen 1, 2 und 5 vollständig erfüllt sowie der Anforderung 4 zumindest in seiner Grundidee nachkommt (exklusive der Lernaufgabe). Aus die-

[4] Für die drei Konzepte wurden in der Literatur ursprünglich andere Begriffe verwendet: Konfrontationsmethode (Spielmethode), Zergliederungsmethode (Technikmethode), spielgemäßes Vorgehen (Taktikspielmodell) (vgl. u. a. Dietrich, Dürrwächter & Schaller, 2012; Roth, 2005).

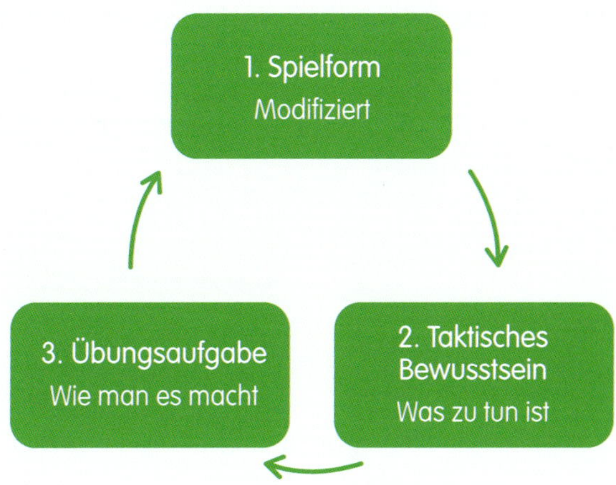

Abb. 3: Tactical Games Model (modifiziert nach Mitchell et al., 2013)

sem Grund lohnt es sich, das Taktikspielmodell zumindest im Überblick nähergehend zu betrachten.

Ursprünglich stammt die Idee des Taktikspielmodells aus dem englischsprachigen Raum. Dort ist dieses Modell häufig unter der Bezeichnung *Tactical Games Approach* zu finden. Dargestellt wird es mithilfe eines Kreis-Spiral-Modells, das sich in der Regel in zwei Ausprägungen findet: Detaillierter ist das Kreis-Spiral-Modell, das unter der Bezeichnung *Teaching Games for Understanding* geführt wird. In vereinfachter Form findet sich zudem oftmals ein Kreis-Spiral-Modell mit der Bezeichnung *Tactical Games Model* (Mitchell, Oslin & Griffin, 2013).

erknüpfung nit den fünf nforderungen

Das Tactical Games Model (vgl. Abb. 3) setzt sich aus drei Schritten zusammen, die immer wieder durchlaufen werden: Erstens wird eine (modifizierte, z. B. vereinfachte) Spielform gespielt (Anforderung 1, 2), zweitens wird die Spielform von der Lehrperson unterbrochen und danach gefragt, was zu tun ist, drittens werden noch nicht umsetzbare Techniken geübt (Anforderung 4: Spielen und (nicht kompetenzorientiertes) Erwerben, Anforderung 5), die dann wieder in die Spielform eingeführt werden.

ntegration der ernaufgabe: Wie?

Entsprechend bietet das Tactical Games Model eine gute Grundlage für die Entwicklung eines Kompetenzerwerbsmodells. Entscheidend bei der Entwicklung ist allerdings, dass die Lernaufgabe als grundlegendes Aufgabenformat des kompetenzorientierten Sportunterrichts als zentraler Baustein integriert wird. Hier liegt es auf der Hand, dass

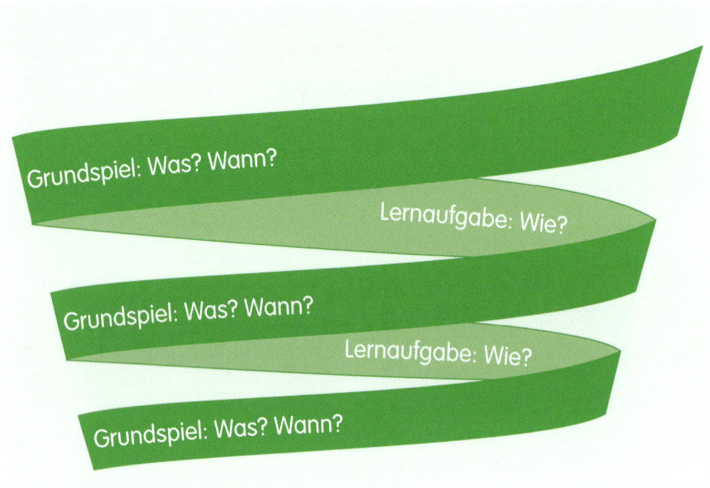

Abb. 4: Kompetenzerwerbsmodell für die Sportspiele (eigene Darstellung)

dies die Frage aus dem Tactical Games Model betreffen muss, wie man es macht. An dieser Stelle muss die Lernaufgabe die Übungsaufgabe ersetzen, damit der Kompetenzerwerb entsprechend gestaltet werden kann.

Grundspiel: Was? Wann?

Um darüber hinaus stringent entlang der Idee arbeiten zu können, einerseits ausgehend von einem Grundspiel die damit verbundenen taktischen Fähigkeiten und technischen Fertigkeiten zu erarbeiten und andererseits die Spieleranzahl ausgehend von einem 1 gegen 1 schrittweise zu erhöhen, wird der Begriff Spielform aus dem Tactical Games Model durch Grundspiel ersetzt. Schließlich wird die Frage danach, was zu tun ist, in der Form präzisiert, dass danach gefragt wird, was *wann* zu tun ist. Dargestellt wird das Modell nicht mehr über ein zweidimensionales Kreis-Spiral-Modell, sondern über eine dreidimensionale Spirale (vgl. Abb. 4).

Jeweils sieben Kompetenzerwerbsschritte

Das dargestellte Kompetenzerwerbsmodell für die Sportspiele setzt sich aus den zwei grundlegenden Bausteinen Grundspiel und Lernaufgabe zusammen. Sowohl das Grundspiel als auch die Lernaufgabe umfassen sieben Kompetenzerwerbsschritte, die jeweils in Form eines Ablaufmodells dargestellt werden (vgl. Abb. 5 und 6). Mittels des Bausteins Grundspiel wird die Frage „Was mache ich wann?“ erarbeitet bzw. wiederholt. Durch die Lernaufgabe wird der Kompetenzerwerb zur Frage „Wie mache ich es?“ gestaltet.

ließender Übergang zwischen rundspiel und ernaufgabe

Weil die Frage danach, was ich wann in einem Fußballspiel machen sollte, unmittelbar mit der Frage zusammenhängt, wie ich es mache, ist der Übergang vom Baustein Grundspiel zur Lernaufgabe als fließend zu verstehen. Gleiches gilt für den Übergang von der Lernaufgabe zum Grundspiel: Das Erlernte, also wie ich es mache, wird in das Grundspiel eingeführt und dort angewendet.

Da selbst in einem auf das Minimum reduzierten Fußballspiel (1 gegen 1 auf Dribblingtore) mehrere Spielsituationen (Wann?) unterschieden werden können und die Schüler in der Folge verschiedene taktische Entscheidungen (Was?) und zur Lösung der Spielsituationen notwendige taktische Fähigkeiten und technische Fertigkeiten erlernen (Wie?) müssen, wird die Bausteinabfolge „Grundspiel – Lernaufgabe – Grundspiel" in der Regel mehrmals durchlaufen.

usammenführung er zentralen ernfragen: Vas? Wann? Wie?

Dabei erarbeiten die Schüler die Antworten zur Frage „Was mache ich wann?" immer dann, wenn das Grundspiel erstmals im Unterricht gespielt wird. Zudem werden die sieben Kompetenzerwerbsschritte des Bausteins pro Grundspiel nur einmal durchlaufen (vgl. Abb. 5). Kehren die Schüler nach einer Lernaufgabe wieder zum Baustein Grundspiel zurück, werden die Lösungen für die Frage des Grundspiels (Was mache ich wann?) mit jenen für die Frage der Lernaufgabe (Wie mache

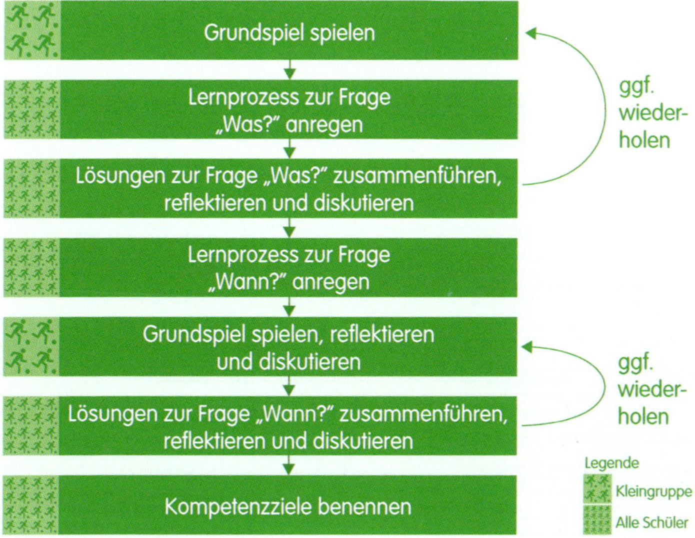

Abb. 5: Ablaufmodell eines Grundspiels im Sportunterricht: Was mache ich wann? (eigene Darstellung)

ich es?) zusammengeführt: „Was mache ich wann wie?“. Im Rahmen der Lernaufgabe erwerben die Schüler jeweils eine taktische Fähigkeit bzw. für deren Umsetzung notwendige technische Fertigkeit („Wie mache ich es?), indem jeweils ebenfalls sieben Kompetenzerwerbsschritte durchlaufen werden (vgl. Abb. 6)

Übergang zum nächsten Grundspiel

Hieraus ergibt sich eine Spirale für die gilt: Nach jeder Umdrehung verfügen die Schüler über eine taktische Fähigkeit bzw. technische Fertigkeit mehr, die sie für ein erfolgreiches Spielen des Grundspiels benötigen. Haben die Schüler alle für ein Grundspiel notwendigen taktischen Fähigkeiten bzw. technischen Fertigkeiten erlernt, erfolgt der Übergang zum nächsten Grundspiel – die Spirale wird folglich fließend weitergeführt. Selbstverständlich kann der Übergang auch schon früher erfolgen, bspw. wenn die Schüler die taktischen Fähigkeiten und zur Umsetzung notwendigen technischen Fertigkeiten erlernt haben, um die Spielsituationen in der Offensive zu lösen.

Grundspiel: Lösungen für die Frage „Was mache ich wann?“ erarbeiten

Grundspiel spielen

Spielen

Das Spielen des Grundspiels stellt den Ausgangspunkt des Lernprozesses mit dem Ziel dar, dass die *Schüler* ausreichend Bewegungserfahrungen sammeln können.

Erklären und beobachten

Vor der ersten Spielrunde sollte der *Lehrer* die Spielregeln[5] in Bezug auf das Spielfeld, den Ball, die Spieler, den Beginn und die Dauer des Spiels und die Spielunterbrechung und -fortsetzung sowie die Organisation und den Ablauf erläutern.

Lernprozess zur Frage „Was?“ anregen

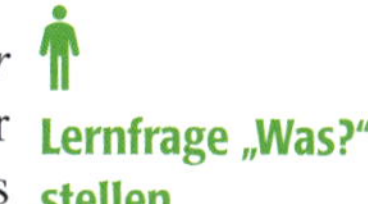

Lernfrage „Was?“ stellen

Um nach dem Spielen einen Lernprozess anzuregen, stellt der *Lehrer* den Schülern eingangs die Frage „Was ist zu tun?“. Da dieser Frage der direkte Situationsbezug fehlt, empfehlen Mitchell et al. (2013), das „Was?“ mit der Grundidee des Spiels zu verknüpfen: Tore erzielen bzw. verhindern. Entsprechend bieten sich folgende Eingangsfragen an:

- Was habt ihr gemacht, um ein Tor zu erzielen? (Offensive) bzw.
- Was habt ihr gemacht, um ein Tor zu verhindern? (Defensive)

---

[5] Die Spielregeln für jedes Grundspiel finden sich im jeweiligen Teilkapitel des Kapitels 3.

Lösungen zur Frage „Was?“ zusammenführen, reflektieren und diskutieren

ösungen erklären, lemonstrieren und liskutieren und Querverbindungen besprechen

Unmittelbar im Anschluss sollten die *Schüler* die Möglichkeit erhalten, ihre Lösungen zur Frage „Was?“ zu erklären und zu demonstrieren sowie die Lösungen anderer Schüler zu ergänzen bzw. zu diskutieren. Ging dem Grundspiel bereits ein anderes Grundspiel voraus, sollten die Schüler zudem reflektieren, welche Lösungen zur Frage „Was?“ ihnen aus den bzw. dem vorhergehenden Grundspiel/en bereits bekannt ist bzw. sind.

um Demonstrieren und Erklären anregen

Dem *Lehrer* kommt die Aufgabe der Moderation zu. Eine zentrale Orientierung hierbei ist die Verknüpfung der formulierten Fragen zum Anregen eines Lernprozesses (Was?) mit den Erwartungen an die Schüler: Sie sollen erklären und demonstrieren.

- Erklärt und demonstriert den anderen, was ihr gemacht habt, um ein Tor zu erzielen bzw. zu verhindern!
- Wer von euch hat das auch gemacht, um ein Tor zu erzielen bzw. verhindern? Erklärt und demonstriert es den anderen noch einmal!
- Wer von euch hat noch etwas anderes gemacht, um ein Tor zu erzielen bzw. zu verhindern? Erklärt und demonstriert es den anderen!

Beispiel „Was?“

Das aktuelle Grundspiel ist ein 1 gegen 1 auf Dribblingtore. Die Schüler könnten für die Offensive bspw. (sinngemäß) antworten und demonstrieren, dass sie schnell mit dem Ball in Richtung Tor gelaufen sind (raumüberbrückendes Dribbling), sie den Ball gegen den angreifenden Gegenspieler geschützt haben (ballsicherndes Dribbling) oder sie versucht haben, am Gegenspieler vorbeizukommen (gegnerüberwindendes Dribbling).

ösungsfindung unterstützen und Querverbindungen erfragen

Eine weitere moderierende Aufgabe des Lehrers kann darin bestehen, die Schüler mit gezielten Rückfragen bzw. Hinweisen bei der Lösungsfindung zu unterstützen.Wurde zuvor bereits ein Grundspiel mit weniger Feldspielern gespielt, besteht eine weitere wichtige Moderationsaufgabe darin, bei den Schülern nach Gemeinsamkeiten bzw. Unterschieden zwischen den beiden Grundspielen zu fragen, um bei ihnen ein Bewusstsein für die Querverbindung zwischen den Grundspielen zu schaffen. Konkret könnte z. B. gefragt werden:

- Was kennt ihr in der Offensive bzw. Defensive bereits aus dem/den letzten Grundspiel/en?
- Was ist in der Offensive bzw. Defensive neu im Vergleich zu dem/den letzten Grundspiel/en?

Beispiel Gemeinsamkeiten und Unterschiede

Das aktuelle Grundspiel ist ein 2 gegen 2 auf Passtore, das vorhergehende war ein 1 gegen 1 auf Dribblingtore. Auf die Frage, was in der Offensive im Vergleich zum vorhergehenden Grundspiel bereits bekannt bzw. neu ist, könnten die Schüler bspw. (sinngemäß) antworten: Das Dribbeln kennen wir bereits aus dem Spiel 1 gegen 1 auf Dribblingtore. Neu ist, dass wir zum Mitspieler passen können (Innenseitstoß), den zugespielten Ball kontrollieren (An- und Mitnahme) oder uns freilaufen müssen (Anbieten und Freilaufen).

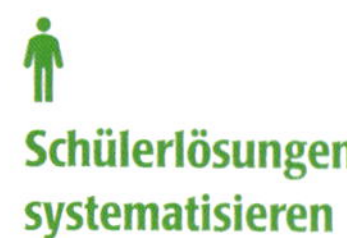

Die abschließende Moderationsaufgabe des Lehrers besteht darin, die Schülerantworten zu systematisieren. Das zentrale Systematisierungskriterium sollte die Ausgangsfrage nach dem „Was?“ sein:

- In diesem Grundspiel könnt ihr Folgendes tun, um ein Tor zu erzielen bzw. zu verhindern: …

Ging dem aktuellen Grundspiel eines mit weniger Feldspielern voraus, sollten die betreffenden Moderationsfragen ein weiteres Systematisierungskriterium sein.

- Aus dem/den letzten Grundspiel/en kennt ihr in der Offensive bzw. Defensive bereits: …
- Neu für euch im Vergleich zu dem/den letzten Grundspielen ist in der Offensive bzw. Defensive: …

Lernprozess zur Frage „Wann?“ anregen

Lernfrage „Wann?“ stellen

Haben die Schüler die (neuen) grundlegenden taktischen Verhaltensweisen erarbeitet (Was?), bietet es sich an darauf hinzuweisen, dass es wichtig zu wissen ist, *wann* welche (neue) taktische Verhaltensweise im Spiel eingesetzt werden sollte. Die beiden Bausteine des *Lehrers* für das Formulieren einer den Lernprozess anregenden Frage sind das „Wann?“ und die erarbeiteten taktischen Verhaltensweisen:

- Achtet während der nächsten Spielrunde darauf, wann ihr in der Offensive bzw. Defensive …

Wurde im Unterricht bereits ein Grundspiel mit weniger Feldspielern behandelt, sollte im Sinne einer Wiederholung gefragt werden, wann welche der bereits behandelten taktischen Verhaltensweisen eingesetzt werden sollte:

- Wann solltet ihr in der Offensive bzw. Defensive …

Grundspiel spielen, reflektieren und diskutieren

pielen und ösungen erklären nd diskutieren

Damit die *Schüler* im Grundspiel herausfinden können, was sie wann machen sollten, sollte auf eine ausreichende Spielzeit für jeden Schüler geachtet werden. Zudem sollten feste Pausen eingeplant werden, in denen die Schüler reflektieren und diskutieren können, welche taktische Verhaltensweise wann eingesetzt werden sollte.

rklären und zur eflexion anregen

Während der Pausen sollte der *Lehrer* die Schüler dazu auffordern, sich innerhalb ihrer Mannschaft darüber auszutauschen:

- Tauscht euch innerhalb eurer Mannschaft darüber aus und erklärt euch gegenseitig, wann ihr in der Offensive bzw. Defensive…

Lösungen zur Frage „Wann?“ zusammenführen, reflektieren und diskutieren

ösungen erklären, emonstrieren und iskutieren und uerverbindungen esprechen

Nach dem erneuten Spielen des Grundspiels ist es die Aufgabe der *Schüler*, die Lösungen für die Frage nach dem „Wann?“ ihren Mitschülern zu erklären sowie zu demonstrieren. Darüber hinaus sollten sie die Möglichkeit erhalten, Lösungen anderer Schüler zu ergänzen und diese zu diskutieren. Handelt es sich nicht um das erste Grundspiel, ist eine weitere wichtige Aufgabe der Schüler, zu reflektieren, welche Lösungen zur Frage „Wann?“ ihnen bereits bekannt sind bzw. waren.

um Demonstrieren nd Erklären nregen

Dem *Lehrer* kommt erneut die Aufgabe der Moderation zu. Zentrale Orientierung sollte wieder die Verknüpfung der Aufgabe zum Anregen des Lernprozesses (Wann? Was?) mit der Erwartung an die Schüler sein, zu erklären und zu demonstrieren.

- Erklärt und demonstriert den anderen auf dem Spielfeld, wann ihr in der Offensive bzw. Defensive …!
- Wer von euch hat das in einer vergleichbaren Spielsituation auch gemacht?
  Erklärt und demonstriert den anderen die Spielsituation!
- Wer von euch hat das in einer anderen Spielsituation gemacht?
  Erklärt und demonstriert den anderen die Spielsituation!

Beispiel „Wann?“

Das aktuelle Grundspiel ist ein 1 gegen 1 auf Dribblingtore. Die Schüler könnten für die Offensive bspw. (sinngemäß) antworten: Wenn der Weg zum gegnerischen Tor frei war (Wann?), bin ich schnell mit dem Ball dort hin gelaufen. Wenn mein Gegenspieler ganz nah bei mir war (Wann?), habe ich versucht, den Ball zu schützen. Wenn mein Gegenspieler ein Stück von mir weg war und ich Tempo aufnehmen konnte (Wann?), habe ich versucht, an ihm vorbeizukommen.

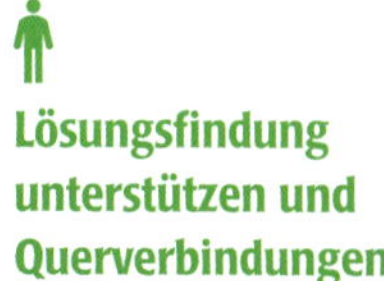

Darüber hinaus kann es notwendig sein, dass der Lehrer die Schüler mit gezielten Rückfragen bzw. Hinweisen bei der Lösungsfindung unterstützt. Kennen die Schüler Lösungen zur Frage „Wann?" bereits aus einem bzw. mehreren vorhergehenden Grundspielen, sollte der Lehrer diese Querverbindungen erfragen.

Schülerlösungen systematisieren

Die abschließende Moderationsaufgabe des Lehrers besteht wiederum darin, die Schülerantworten zu systematisieren. Das zentrale Systematisierungskriterium sollten die Ausgangsfragen nach dem „Was? Wann?" sein. Mit Blick auf die Formulierung bietet es sich an, mit Wenn-dann-Sätzen zu arbeiten:

- Wenn … (Spielsituation), dann … (taktische Verhaltensweise).

Kompetenzziele benennen

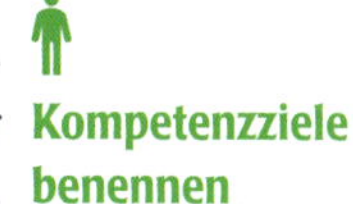

Die abschließende Aufgabe des *Lehrers* besteht darin, die von den Schülern zu erwerbenden Kompetenzen zu benennen. Ausgangspunkt hierfür sollten konkretisierte Kompetenzen in Form zu erwerbender Kenntnisse, taktischer Fähigkeiten und technischer Fertigkeiten sowie Bereitschaften sein.[6] Bestehen darüber hinaus Querbindungen mit zuvor Erlerntem, sollte der Lehrer auch diese noch einmal explizit herausstellen.

Grundsätzlich beziehen sich Kompetenzziele darauf, taktische Entscheidungen (Was?) situationsgerecht (Wann?) *umsetzen* (Wie?) zu können. Das Benennen der Kompetenzziele stellt damit den Ausgangspunkt für die inhaltliche Gestaltung der Lernaufgaben (Wie?) dar. Aufgrund der begrenzten Unterrichtszeit ist es jedoch möglich, dass bei der Auswahl der zu erwerbenden Kompetenzen eine Auswahl getroffen werden muss.

Beispiel Kompetenzziele

Das aktuelle Grundspiel ist ein 1 gegen 1 auf Dribblingtore. Der Lehrer könnte als Kompetenzziele formulieren: Nach den Unterrichtseinheiten

---

[6] Eine detaillierte Auflistung der konkretisierten Kompetenzen findet sich in Kapitel 3 jeweils zu Beginn der Teilkapitel zu den einzelnen Grundspielen.

zum Grundspiel Spiel 1 gegen 1 auf Dribblingtore solltet ihr situationsgerecht …

- drei Formen des Dribblings und zwei Formen zur Verteidigung eines 1 gegen 1 anwenden können.
- fünf Dribblingarten, eine Finte zur Ballsicherung und mindestens zwei Finten zur Gegnerüberwindung anwenden können.

Lernaufgabe: Lösungen für die Frage „Wie mache ich es?" erarbeiten, ausprobieren und üben

Mittels der Lernaufgabe wird der Erwerb taktischer Fähigkeiten und technischer Fertigkeiten gestaltet. Mit Blick auf den *Ablauf* einer Lernaufgabe schlägt Leisen (2010) ein Modell vor, das allerdings nicht für den Sportunterricht konzipiert wurde (vgl. Kap. 1.2). Aus diesem Grund wird ein entsprechend der Besonderheiten des Sportunterrichts weiterentwickeltes Ablaufmodell vorgeschlagen (vgl. Abb. 6). Es setzt sich aus insgesamt sieben Schritten zusammen, wobei einzelne Schritte ggf. wiederholt durchlaufen werden können bzw. sollten.

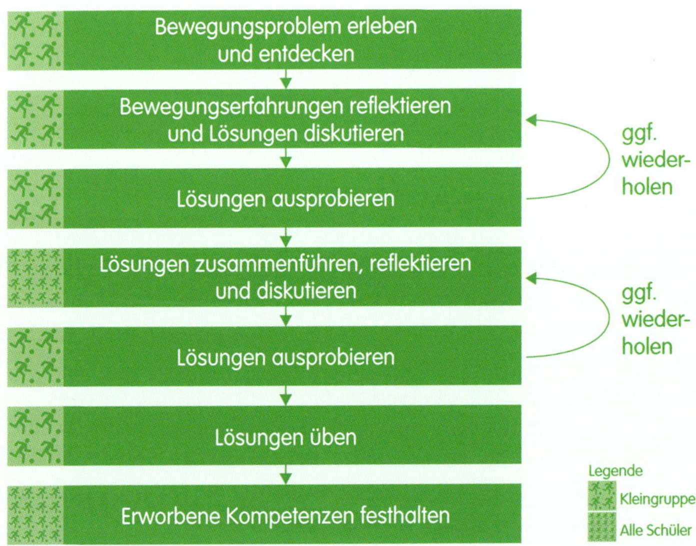

Abb. 6: Ablaufmodell einer Lernaufgabe im Sportunterricht: Wie mache ich es? (eigene Darstellung)

Bewegungsproblem erleben und entdecken

Lernaufgabe lesen und Übungs-/Spielform absolvieren

Zunächst sollten die *Schüler* das Bewegungsproblem erleben und entdecken dürfen. Dies kann bei taktischen Fähigkeiten z. B. bereits durch das Spielen des Grundspiels erfolgt sein (z. B. das Anbieten und Freilaufen im Grundspiel 2 gegen 2 auf Passtore). Es kann aber notwendig sein, ein abgewandeltes Übungsspiel oder eine -form durchzuführen, die das Anbieten und Freilaufen bspw. besonders fordert oder hierfür vereinfachte Bedingungen bietet. Bei technischen Fertigkeiten kann es sich anbieten, eher auf Übungsformen zurückzugreifen, die die betreffende Technik isoliert thematisieren (z. B. ein Slalomparcours für die technische Fertigkeit des Dribbelns).

In der Regel bietet es sich bereits bei diesem Schritt an, dass die Schüler mit einer ausformulierten Lernaufgabe arbeiten, die die anschließende Reflexion und Diskussion z. B. anregt oder erleichtert. Zudem sollte die Lernaufgabe so konzipiert sein, dass die Schüler ihre Lösungen in der Kleingruppe unkompliziert und in kurzer Zeit schriftlich festhalten können (exemplarisch für eine ausformulierte Lernaufgabe siehe S. 55).[7]

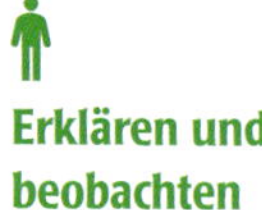

Erklären und beobachten

Die Aufgabe des *Lehrers* ist es, die Organisation und den Ablauf der Spiel- bzw. Übungsform zu erklären und die Schüler während der Ausführung zu beobachten.

Bewegungserfahrungen reflektieren und Lösungen diskutieren

Lösungen erklären, demonstrieren und diskutieren und Querverbindungen besprechen

Im Anschluss sollte es darum gehen, dass die Schüler ihre gesammelten Bewegungserfahrungen in der Kleingruppe reflektieren und Lösungen diskutieren – also bspw. für das Problem bzw. die Frage, wie gedribbelt werden oder wie man sich anbieten und freilaufen kann. Als Grundlage für die Reflexion und Diskussion sollten die Schüler sich die gefundenen Lösungen gegenseitig demonstrieren und erklären. Bauen die Lösungen auf bereits zuvor Erlerntem auf, ist die Diskussion damit verbundener Querverbindungen eine weitere wichtige Aufgabe der Schüler: Bspw. baut die taktische Fähigkeit des ballsichernden Dribblings auf der technischen Fertigkeit des Dribblings auf; entsprechend besteht hier eine Querverbindung. In vielen Fällen ist es hilfreich, wenn die Schüler im Rahmen der Lernaufgabe einen Hin-

[7] In Kapitel 3 findet sich für jedes konkretisierte Kompetenzziel eine ausformulierte Lernaufgabe.

weis bekommen, dass sie bei der Lösungssuche an bereits Erlerntes denken sollen.

Beobachten und zum Demonstrieren und Erklären anregen

Dem *Lehrer* kommt während dieses Ablaufschritts die Aufgabe zu, die Reflexionen und Diskussionen der einzelnen Kleingruppen zu beobachten bzw. in diese hineinzuhören. Sofern notwendig, sollte der Lehrer die Schüler zudem zum gegenseitigen Demonstrieren und Erklären bzw. zum Diskutieren von Querverbindungen anregen.

Lösungen ausprobieren

Übungs-/Spielform absolvieren und Lösungen ausprobieren

Nach der Reflexion und Diskussion sollte den *Schülern* in einem dritten Schritt die Möglichkeit gegeben werden, die gefundenen Lösungen auszuprobieren. Hierfür kann wieder auf die eingangs durchgeführte Übungs- oder Spielform zurückgegriffen werden. Im Sinne einer Erschwerung, Erleichterung oder auch einer grundsätzlich angestrebten Variation können selbstverständlich auch andere Übungs- oder Spielformen zum betreffenden Bewegungsproblem durchgeführt werden.

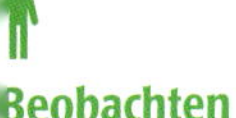

Beobachten

Der *Lehrer* sollte die Schüler während des Ausprobierens ihrer Lösungen beobachten.

Zeichnet sich bspw. ab, dass die Schüler von einer Lösung noch zu weit entfernt sind, können die Reflexion und Diskussion sowie das Ausprobieren der Lösungen ggf. mehrmals durchlaufen werden. Auch vor dem Hintergrund eines möglichst optimalen Belastungs- und Erholungsgefüges bietet es sich an, mit mehreren (kurzen) Phasen des Reflektierens und Diskutierens sowie (längeren) Phasen des Ausprobierens zu arbeiten.

Lösungen zusammenführen, reflektieren und diskutieren

Lösungen erklären, demonstrieren und diskutieren

In einem weiteren Schritt werden die erarbeiteten Lösungen der einzelnen Kleingruppen zusammengeführt, reflektiert und diskutiert. Hierfür sollten die *Schüler* die Möglichkeit erhalten, ihre schriftlich festgehaltenen Lösungen (z. B. zu den Dribblingarten) zu präsentieren und zu demonstrieren bzw. Lösungen anderer Kleingruppen zu ergänzen bzw. diese zu diskutieren. Wichtig hierbei ist insbesondere, dass die Schüler ihre gefundenen Lösungen nicht nur erklären, sondern den anderen Schülern darüber hinaus zeigen, wie ihre Lösung funktioniert.

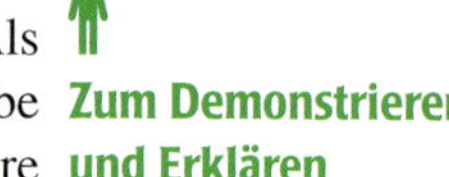

Zum Demonstrieren und Erklären anregen

Die Aufgabe des *Lehrers* besteht darin, diese Phase zu moderieren. Als zentrale Orientierung dient die Verknüpfung der auf der Lernaufgabe formulierten Aufgabe/n (Wie?) mit der Erwartung an die Schüler, ihre Lösungen zu erklären sowie zu demonstrieren.

- Erklärt und demonstriert den anderen, …!
- Wer von euch hat das auch so gemacht?
  Erklärt und demonstriert es den anderen noch einmal!
- Wer von euch hat das anders gemacht?
  Erklärt und demonstriert es den anderen!

Beispiel „Wie"

Das aktuelle Grundspiel ist ein 1 gegen 1 auf Dribblingtore. Die Schüler könnten (sinngemäß) erklären, dass sie den Ball mit der Innenseite (Innenseite, Innenspann), der Oberseite (Vollspann), der Außenseite (Außenspann) und der Unterseite (Sohle) geführt haben. Darüber hinaus könnten sie die betreffenden Fußteile zeigen und erklären sowie demonstrieren, wie sie den Fuß jeweils während des Dribbelns gehalten haben.

Lösungsfindung unterstützen und Querverbindungen erfragen

Eine weitere Moderationsaufgabe des Lehrers kann es sein, die Schüler mit gezielten Rückfragen bzw. Hinweisen bei der Lösungsfindung zu unterstützen. Bauen die Lösungen auf bereits zuvor Erlerntem auf, ist es zudem eine zentrale Aufgabe des Lehrers, diese Querverbindungen bei den Schülern zu erfragen.

Schülerlösungen systematisieren

Abschließend kommt dem Lehrer die Moderationsaufgabe zu, die Antworten der Schüler zu systematisieren. Bei zwei und mehr möglichen Lösungen sollte der Lehrer im Sinne der Differenzierung hierbei auch herausstellen bzw. erfragen, wie sich die Lösungen mit Blick auf die Schwierigkeit unterscheiden.

Lösungen ausprobieren

Übungs-/Spielform absolvieren und Lösungen ausprobieren

Im Anschluss sollten die Schüler die Möglichkeit erhalten, die zusammengetragenen Lösungen ausprobieren dürfen. Hier gilt nach wie vor: Eingesetzt werden können bspw. bereits zuvor eingesetzte bzw. neue/veränderte Übungs- oder Spielformen. Das erneute Ausprobieren ist wichtig, da die Schüler im Rahmen des vorhergehenden Schritts ggf. Lösungen oder neue Aspekte einer Lösung demonstriert und erklärt bekamen, die sie selbst nicht erarbeitet bzw. gefunden hatten.

Beobachten

Dem *Lehrer* kommt die Aufgabe zu, die Schüler während des Ausprobierens ihrer Lösungen zu beobachten.

Stellen die Schüler in diesem Schritt bspw. fest, dass eine ihrer Lösungen noch nicht funktioniert, kann es notwendig sein, die Lösungen noch einmal in der Gesamtgruppe zusammenzuführen, zu reflektieren und zu diskutieren. Gleiches gilt, wenn der Lehrer bspw. bei der Präsentation einer Lösung festgestellt hat, dass sie noch nicht ausgereift ist, er jedoch möchte, dass die Schüler dies durch erneutes Ausprobieren selbst erfahren und zu einer erneuten Reflexion angeregt werden.

Lösungen üben

Üben

Sind die Lösungen durch Ausprobieren als gut empfunden worden, sollte den *Schülern* die Möglichkeit zum Üben gegeben werden.

Erklären und korrigieren

Die Aufgabe des *Lehrers* ist es z. B., im Sinne der Differenzierung unterschiedlich schwere Übungs- bzw. Spielformen anzubieten, in denen die Schüler alle zuvor erarbeiteten und ausprobierten bzw. nur ausgewählte Lösungen gezielt üben können. Darüber hinaus besteht eine zentrale Aufgabe des Lehrers in diesem Schritt darin, die Schüler zu korrigieren.

Erworbene Kompetenzen festhalten

Erlerntes benennen und Querverbindungen herausstellen

Der abschließende Schritt der Lernaufgabe ist es, die von den Schülern erworbenen Kompetenzen festzuhalten. Hierfür sollte der *Lehrer* die konkretisierten Kompetenzen in Form erworbener Kenntnisse, taktischer Fähigkeiten und technischer Fertigkeiten sowie Bereitschaften bei den Schülern abfragen bzw. diese benennen und einordnen. Bestehen darüber hinaus Querverbindungen mit zuvor Erlerntem, sollte der Lehrer auch diese noch einmal explizit herausstellen. Die Aufgabe der Schüler kann es sein, die erworbenen Kompetenzen schriftlich festzuhalten. Eingesetzt werden können hierfür bspw. Plakate.

Grundspiel: Zusammenhänge in Bezug auf die Frage „Was mache ich wann wie?" nachvollziehen und Erlerntes anwenden

Bezug zum Grundspiel aufgreifen

Nach Abschluss der Lernaufgabe ist es von zentraler Bedeutung, dass die Lösungen (bspw. für das Anbieten und Freilaufen) wieder in das Grundspiel eingeführt werden, sie also dort von den Schülern angewendet werden. Darüber hinaus sollte der *Lehrer* den Bezug zum Grundspiel wieder aufgreifen (Was? Wann?), um den Schülern den Zusammenhang zwischen der Spielsituation (Wann?), der taktischen Entscheidung (Was?) und der Umsetzung dieser (Wie?) nochmals in das Gedächtnis zu rufen.

Übergang zur nächsten Lernaufgabe vorbereiten

Haben die Schüler die erworbene taktische Fähigkeit bzw. technische Fertigkeit ausreichend lange im Grundspiel angewendet, sollte der Lehrer die (weiteren) Spielsituationen und taktischen Entscheidungen wiederholen, die die Schüler eingangs erarbeitet haben. Zudem ist es seine Aufgabe, gegenüber den Schülern transparent zu machen, welche taktische Verhaltensweise bzw. zur Umsetzung notwendige taktische Fähigkeit und/oder technische Fertigkeit im Rahmen der nächsten Lernaufgabe behandelt wird.

Haben die Schüler alle bzw. aus Lehrersicht ausreichend viele für ein Grundspiel notwendigen taktischen Fähigkeiten bzw. technischen Fertigkeiten erlernt, erfolgt der Übergang zum nächsten Grundspiel. In diesem Fall werden in der Folge wieder die sieben Kompetenzerwerbsschritte des Bausteins Grundspiel durchlaufen.

Zusammenfassung

Ziel des Teilkapitels war es, ein Kompetenzerwerbsmodell für die Sportart Fußball zu entwickeln, das als Kern die Lernaufgabe hat und zugleich ermöglicht, konkretisierte Kompetenzziele im Rahmen von bspw. mehrwöchigen Unterrichtseinheiten, aber auch klassenstufenübergreifend schrittweise zu erarbeiten sowie miteinander zu verknüpfen. Ausgangspunkt des entwickelten *Kompetenzerwerbsmodells* war die Verknüpfung der Erkenntnisse des Tactical Games Approach mit jenen zum kompetenzorientierten Sportunterricht.

Das Kompetenzerwerbsmodell setzt sich aus den beiden Bausteinen *Grundspiel* und *Lernaufgabe* zusammen. Beide Bausteine umfassen sieben Kompetenzerwerbsschritte, die in Form von Ablaufmodellen dargestellt werden. Mittels des Bausteins Grundspiel sollen die Schüler zu Beginn Lösungen für die Frage „Was mache ich wann?“ erarbeiten sowie im Anschluss an die Lernaufgabe(n) die Zusammenhänge in Bezug auf die Frage „Was mache ich wann wie?“ nachvollziehen und Erlerntes anwenden. Im Rahmen der Lernaufgabe ist es die Aufgabe der Schüler, Lösungen für die Frage „Wie mache ich es?“ zu erarbeiten, auszuprobieren und zu üben.

Kapitel 3

Schritt für Schritt vom 1 gegen 1 auf Dribblingtore zum 3 gegen 3 auf Passtore

Ziel des abschließenden Kapitels ist es, das Kompetenzerwerbsmodell für die Unterrichtspraxis nutzbar zu machen. Hierfür wird für jedes der Grundspiele 1 gegen 1 bis 3 gegen 3 herausgearbeitet:

a) Welche Anforderungen, Kompetenzziele und deren Konkretisierung sind mit dem Grundspiel verbunden?
b) Wie kann der Erwerb der konkretisierten Kompetenzziele gestaltet werden?

Entsprechend setzen sich die Kapitel zu den drei Grundspielen (Kap. 3.1 bis 3.3) jeweils aus zwei Unterkapiteln zusammen.

Teilkapitel „Anforderungen, Kompetenzziele und deren Konkretisierung"

Die mit den Grundspielen verbundenen *Anforderungen* werden entlang der Fragen „Wann?" mache ich „Was?" „Wie?" tabellarisch visualisiert. Die Lösungen für die Frage nach dem „Wie?" werden getrennt nach taktischer Fähigkeit und technischer Fertigkeit dargestellt. Ab dem Grundspiel 2 gegen 2 finden sich in den Spalten zu den taktischen Fähigkeiten und technischen Fertigkeiten Querverweise zu bereits Bekanntem aus dem/den vorhergehenden Grundspiel/en. Die Querverweise sind farblich hervorgehoben. Für eine bessere Übersichtlichkeit wird in den Tabellen auf Ebene der Kategorien für die technischen Fertigkeiten, individual-, gruppen- und mannschaftstaktischen Fähig-

Tab. 1: Technische Fertigkeiten, individual-, gruppen- und mannschaftstaktischen Fähigkeiten

Technik			
Dribblingarten (DRA)	Finten (FIN)	Stoßarten (STA)	An- und Mitnahmearten (AMA)

Taktik		
Individualtaktik		
Dribblingformen (IT-DRF)	Anbieten und Freilaufen (IT-AUF)	Verteidigung 1 gegen 1 (IT-V11)
Gruppentaktik		
Zusammenspiel (GT-ZUS)	Verteidigung Zusammenspiel (GT-VZUS)	
Mannschaftstaktik		
Zusammenspiel (MT-ZUS)	Verteidigung Zusammenspiel (MT-VZUS)	

keiten mit Abkürzungen gearbeitet (vgl. Tab. 1). Für insgesamt vier Spielsituationen innerhalb der Grundspiele 2 gegen 2 und 3 gegen 3 finden sich in den betreffenden Tabellen Sternchen. Diese Spielsituationen werden aufgrund einer zu großen Umsetzungsschwierigkeit im Schulsport nicht behandelt.

Für jedes Spiel werden die aus den Anforderungen ableitbaren *Kompetenzziele* dargelegt sowie für die Komplexe „Kenntnisse", „Taktische Fähigkeiten und technische Fertigkeiten" sowie „Bereitschaften" *konkretisiert.* Dennoch verbleibt es die Aufgabe des Lehrers, diese entsprechend seiner Unterrichtsziele genau zu durchdenken und ggf. zu modifizieren: Einen Gegenspieler überwinden zu können stellt ein anderes Ziel dar als dies gegen einen teilaktiven Gegenspieler zu können! Das Überwinden eines Gegenspielers im Grundspiel 1 gegen 1 anwenden zu können ist ein anderes Ziel als es im Rahmen einer Übungsform demonstrieren zu können!

Teilkapitel „Kompetenzerwerb gestalten"

Das Teilkapitel ist entsprechend des Kompetenzerwerbsmodells in die Bausteine *Grundspiel: Was mache ich wann?* und *Lernaufgabe: Wie mache ich es?* unterteilt. Pro Grundspiel (1 gegen 1 bis 3 gegen 3) wird der betreffende Baustein in Form des eines Ablaufmodells mit sieben Kompetenzerwerbsschritten einmal dargestellt. Für den Baustein *Lernaufgabe: Wie mache ich es?* gilt: Das Ablaufmodell mit sieben Kompetenzerwerbsschritten wird entlang der konkretisierten Kompetenzziele mehrmals durchlaufen, bspw. für die Kompetenzziele „Mit dem Ball dribbeln und einen freien Raum überbrücken können" und „Den Ball sichern können" je einmal.

Innerhalb beider Bausteine werden die konkreten Aufgaben des Lehrers () und der Schüler () dargestellt, die er/sie im Rahmen der betreffenden Ablaufstufe wahrnehmen sollte/n. Bei Bedarf kann in den Teilkapiteln „Grundspiel: Lösungen für die Frage ‚Was mache ich wann?' erarbeiten" und „Lernaufgabe: Lösungen für die Frage ‚Wie mache ich es?' erarbeiten, ausprobieren und üben" nachgelesen werden, was die Aufgaben im Detail bedeuten oder welche Fragen der Lehrer stellen kann bzw. sollte.

Der Baustein *Lernaufgabe: Wie mache ich es?* umfasst darüber hinaus u. a. jeweils eine ausgearbeitete Lernaufgabe, die unmittelbar im Unterricht eingesetzt werden kann, sowie grafisch bzw. methodisch aufbereitete Spiel- und Übungsformen bzw. Taktik- und Technikleitbilder.

Ergänzende Hinweise

Ziel des Buchs ist es, Lehrer mittels des bislang und im Folgenden Dargestellten dabei zu unterstützen, den Kompetenzerwerb für die Sportart Fußball über mehrere Wochen systematisch zu gestalten.

Am Ende bleibt es jedoch die Aufgabe des Lehrers, die Bausteine *Grundspiel: Was mache ich wann?* und *Lernaufgabe: Wie mache ich es?* bei Bedarf an bspw. das Leistungsniveau seiner Schüler oder die Rahmenbedingungen des Sportunterrichts anzupassen. Zudem ist es z. B. die Aufgabe des Lehrers, sinnvolle Gruppengrößen für das Erarbeiten der Lösungen für die Frage „Wie mache ich es?“ (ausgearbeitete Lernaufgaben) zu wählen oder einen thematisch passenden Aufwärmteil zu gestalten.

Zuletzt bleibt der Hinweis, dass der Baustein *Lernaufgabe: Wie mache ich es?* nicht zu jedem konkretisierten Kompetenzziel durchlaufen werden muss. Eventuell haben die Schüler in vergangenen Schuljahren einzelne Kompetenzziele bereits erreicht. Oder die zeitlichen Rahmenbedingungen führen zu der Entscheidung, dass nur die Kompetenzziele zur Offensive angestrebt werden.

Legende

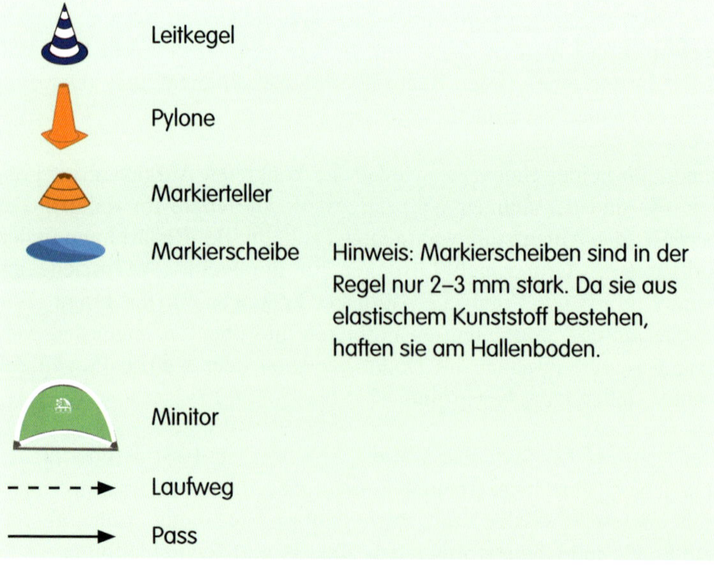

3.1 1 gegen 1 auf Dribblingtore

Anforderungen, Kompetenzziele und deren Konkretisierung

Anforderungen			
Wann?	**Was?**	**Wie?**	
		Taktische Fähigkeiten	**Technische Fertigkeiten**
Individualtaktik Offensive			
Ich habe den Ball und …			
… der Raum Richtung Tor ist frei	Mit dem Ball einen freien Raum überbrücken	IT-DRF: Raumüberbrückendes Dribbling	DRA: Innenseite, Innenspann, Außenspann, Vollspann, Sohle
… mein Gegenspieler greift mich aus kurzer Distanz an	Den Ball sichern	IT-DRF: Ballsicherndes Dribbling	FIN: z. B. Rivelino-Finte (seitlich nach hinten) DRA
… mein Gegenspieler greift mich aus weiter Distanz an	Den Gegenspieler im frontalen 1 gegen 1 überwinden	IT-DRF: Gegnerüberwindendes Dribbling	FIN: z. B. Übersteiger-, Rivelino-, Zidane-Finte DRA
Individualtaktik Defensive			
Mein Gegenspieler hat den Ball und …			
… ist zur Spielrichtung ausgerichtet	Den zur Spielrichtung ausgerichteten Gegenspieler angreifen	IT-V11: Gegenspieler zur Spielrichtung ausgerichtet	—
… ist mit dem Rücken zur Spielrichtung ausgerichtet	Den mit dem Rücken zur Spielrichtung ausgerichteten Gegenspieler angreifen	IT-V11: Gegenspieler mit dem Rücken zur Spielrichtung ausgerichtet	—

Kompetenzziele und deren Konkretisierung

Kompetenzziele

Die Schüler können im Spiel 1 gegen 1 situationsgerecht…
… drei Formen des Dribblings und zwei Formen zur Verteidigung eines 1 gegen 1 anwenden (Individualtaktik).
… fünf Dribblingarten, eine Finte zur Ballsicherung und mindestens zwei Finten zur Gegnerüberwindung anwenden (Technik).

Kenntnisse

Die Schüler kennen …

Taktik

… die drei Dribblingformen sowie die Eckpunkte der betreffenden Taktikleitbilder.
… die beiden Formen zur Verteidigung eines 1 gegen 1 sowie die Eckpunkte der betreffenden Taktikleitbilder.

Technik

… die fünf Dribblingarten sowie die Eckpunkte der betreffenden Technikleitbilder.
… eine Finte zum Sichern des Balls sowie die Eckpunkte des Technikleitbilds.
… Finten zum Überwinden des Gegenspielers sowie die Eckpunkte der betreffenden Technikleitbilder.

Taktische Fähigkeiten und technische Fertigkeiten

Die Schüler können …

Offensive

… mit allen fünf Dribblingarten dribbeln.
… einen freien Raum mit dem Ball überbrücken, den Ball ohne/mit Finte sichern und einen Gegenspieler ohne/mit Finte überwinden.

Defensive

… einen zur und einen mit dem Rücken zur Spielrichtung ausgerichteten Gegenspieler angreifen.

Bereitschaften

Die Schüler sind bereit …
… sich die benötigten individualtaktik- und technikbezogenen Kenntnisse anzueignen und die Kenntnisse im Spiel einzusetzen.
… die benötigten individualtaktischen Fähigkeiten und die technischen Fertigkeiten zu erlernen, zu üben und im Spiel anzuwenden.

Kompetenzerwerb gestalten

Schritt 1
Grundspiel spielen

- Spielregeln, Organisation und Ablauf erklären
- Grundspiel beobachten

- Grundspiel spielen

Grundspiel:
Was?
Wann?

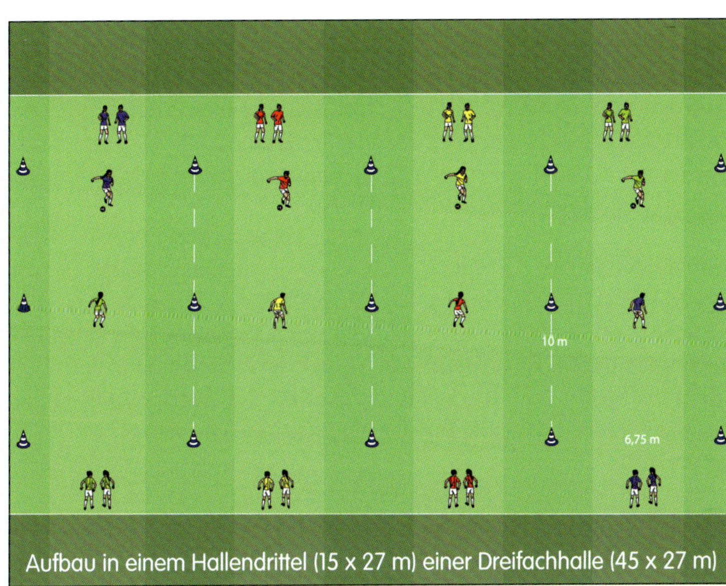

Aufbau in einem Hallendrittel (15 x 27 m) einer Dreifachhalle (45 x 27 m)

Spielfeld und Ball

Das Spielfeld sollte bei Anfängern eine Größe von mindestens 4 x 8 Meter haben. Steht in einer Dreifeldhalle mit dem Standardmaß 27 x 45 Metern 1 Hallendrittel zur Verfügung (ca. 15 x 27 Meter), sollten bei Anfängern maximal 4 Spielfelder mit einer Breite von 6,75 Metern aufgebaut werden. Die Feldlänge sollte bei 10 Metern liegen. Abgegrenzt werden können die Spielfelder durch Leitkegel. Hierbei sollte darauf geachtet werden, dass es sich um schwere Leitkegel handelt, die durch eine Ballberührung nicht umfallen bzw. weggeschoben werden. Alternativ können die Spielfelder durch Langbänke abgegrenzt werden. Mit Blick auf eine Verletzungsgefahr durch die Langbänke ist abzuwägen, inwiefern diese größer/kleiner ist, wenn nicht mit Langbänken gespielt wird und dafür Bälle mit einer größeren Wahrscheinlichkeit in andere Felder rollen können. Gespielt wird mit einem Futsal-Ball und mit Dribblingtoren, die mit Leitkegeln abgesteckt werden. Damit (möglichst) jeder Schüler ein Tor erzielen kann, sollte die Torgröße der Feldbreite entsprechen. Da es sich um Dribblingtore handelt, sollte hinter jedem Tor eine Auslaufzone von rund 2,5 Metern vorhanden sein.

Spieler

Auf jedem der 4 Felder wird ein 1 gegen 1 gespielt. Die Spieler sind jeweils ausschließlich Feldspieler, sie dürfen den Ball folglich bspw. nicht mit der Hand berühren. Bei z. B. 24 Schülern werden acht Mannschaften à 3 Spieler gebildet. Die acht Mannschaften werden auf die 4 Felder verteilt. 1 Spieler pro Mannschaft steht auf dem Feld, die beiden verbleibenden Spieler warten hinter der Grundlinie des eigenen Tores. Mit dem Abpfiff eines Spiels passt der Spieler am Ball zum hinter der Grundlinie wartenden Spieler und verlässt im Anschluss das Feld über die eigene Grundlinie. Der neue Spieler dribbelt mit dem zugespielten Ball in das Feld. Zeitgleich verlässt auch der gegnerische Spieler das Spielfeld über seine Grundlinie und der nächste Spieler der gegnerischen Mannschaft läuft in das Feld.

Beginn und Dauer des Spiels

Vor Beginn des ersten Spiels erhält einer der beiden Spieler auf dem Spielfeld an der Grundlinie seines Dribblingtores den Ball. Das Spiel beginnt mit dem Anpfiff. Die Spielzeit sollte zwischen 1 und maximal 2 Minuten liegen. Der Abpfiff eines Spiels ist zugleich der Anpfiff des nächsten Spiels. Mit Blick auf die Anzahl der Spiele sollte darauf geachtet werden, dass alle Spieler möglichst gleich viele Spiele absolvieren dürfen.

Spielunterbrechung und -fortsetzung

Überschreitet der Ball die seitliche Auslinie mit vollem Umfang, wird das Spiel an der entsprechenden Stelle durch Eindribbeln fortgesetzt. Ein Tor ist dann erzielt, wenn ein Spieler die Grundlinie des gegnerischen Tores überdribbelt und den Ball nach der Grundlinie noch mindestens einmal berührt. Nach einem Tor erfolgt die Spielfortsetzung ebenfalls per Eindribbeln, nun von der Grundlinie des betreffenden Tores aus. Bei Foul oder unsportlichem Betragen erhält der gegnerische Spieler den Ball und setzt das Spiel am Ort des Vergehens mit einem Dribbling fort.

Schritt 2
Lernprozess zur Frage „Was?" anregen

- Lernfrage „Was?" zur Offensive bzw. Defensive stellen

Schritt 3
Lösungen zur Frage „Was?" zusammenführen, reflektieren und diskutieren

- Zum Demonstrieren und Erklären anregen
- Lösungsfindung ggf. durch Hinweise und Fragen unterstützen
- Schülerlösungen systematisieren (vgl. Anforderungen)

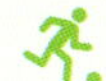

- Allen Mitschülern Lösungen erklären und demonstrieren
- Lösungen mit allen Mitschülern diskutieren

Schritt 4
Lernprozess zur Frage „Wann?" anregen

- Lernfrage „Wann?" zur Offensive bzw. Defensive stellen

Schritt 5
Grundspiel spielen, reflektieren und diskutieren

- Organisation und Ablauf erklären
- Schüler in den Pausen zur Reflexion und Diskussion über die Frage „Wann?" anregen

- Grundspiel spielen
- Den Mitspielern Lösungen erklären
- Lösungen mit den Mitspielern diskutieren

Schritt 6
Lösungen zur Frage „Wann?" zusammenführen, reflektieren u. diskutieren

- Zum Demonstrieren und Erklären anregen
- Lösungsfindung ggf. durch Hinweise und Fragen unterstützen
- Schülerlösungen systematisieren (vgl. Anforderungen)

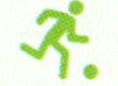

- Allen Mitschülern Lösungen erklären und demonstrieren
- Lösungen mit allen Mitschülern diskutieren

Schritt 7
Kompetenzziele benennen

- Kompetenzziele für die Folgestunden benennen (vgl. Kompetenzziele)

Mit dem Ball dribbeln und einen freien Raum überbrücken können

Lernaufgabe: Wie?

Schritt 1
Bewegungsproblem erleben und entdecken

- Organisation und Ablauf erklären
- Parcours beobachten

- Lernaufgabe lesen
- Parcours durchdribbeln

Übungsform

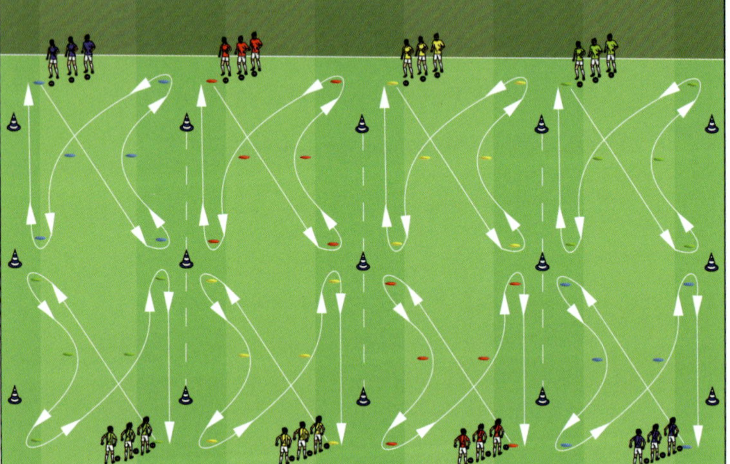

Aufbau in einem Hallendrittel (15 x 27 m) einer Dreifachhalle (45 x 27 m)

Organisation

Der Aufbau des Grundspiels wird weiterhin genutzt. In jeder Spielfeldhälfte ist mit Markierscheiben ein Slalomparcours aufgebaut. Jeder Spieler bekommt einen Futsal-Ball (sofern ausreichend vorhanden). Die 3 Spieler jeder Mannschaft absolvieren den Slalomparcours in ihrer Spielfeldhälfte. Zu Beginn befinden sich alle Spieler in der Zone hinter ihrem Dribblingtor. Der erste Spieler stellt sich mit seinem Ball an die erste Markierscheibe.

Ablauf

Auf ein Signal durchdribbelt der erste Spieler den Parcours. Der nachfolgende Spieler startet jeweils, sobald der vor ihm dribbelnde Spieler die dritte Markierscheibe erreicht. Der Parcours wird von jedem Spieler mehrmals durchlaufen. Verliert ein Spieler während des Parcours seinen Ball, holt er ihn und setzt den Parcours an der Stelle fort, an der er den Ball verloren hat. Die gleiche Fortsetzungsregel gilt, wenn ein Spieler eine Markierscheibe auslässt.

Lernaufgabe

Aufgabe während der Übungsform

Denkt über drei Fragen nach:

- Mit welchen Teilen des Fußes berührt ihr den Ball während des Dribblings?
- Wie genau haltet ihr den Fuß dabei?
- Mit welchen Teilen des Fußes berührt ihr den Ball, wenn ihr geradeaus bzw. eine Kurve dribbelt?

Aufgabe während der Reflexionsphase

- Erklärt und demonstriert euren Mitspielern die Lösungen für die drei Fragen.
- Diskutiert die Lösungen und tragt von euch als gut befundene Lösungen in die Tabelle ein. Das betreffende Fußteil könnt ihr jeweils direkt auf dem Schuh markieren. Wie der Fuß dabei gehalten wird, tragt ihr bitte jeweils daneben ein. Auf der rechten Seite kreuzt ihr bitte an, ob ihr den Ball mit dem betreffenden Fußteil berührt habt, wenn ihr geradeaus oder eine Kurve gedribbelt habt.

	Wie halte ich den Fuß?	Geradeaus	Kurve
		☐	☐
		☐	☐
		☐	☐
		☐	☐
		☐	☐
Anmerkung			

Schritt 2
Bewegungserfahrungen reflektieren und Lösungen diskutieren

- Reflexionen und Diskussionen beobachten
- Ggf. zum Demonstrieren und Erklären anregen

- Den Mitspielern Lösungen erklären und demonstrieren
- Lösungen mit den Mitspielern diskutieren

Schritt 3
Lösungen ausprobieren

- Parcours beobachten

- Parcours durchdribbeln
- Lösungen ausprobieren

Hinweis

Der Slalomparcours wird nochmals durchgeführt. Er sollte wiederum mehrmals von jedem Spieler durchlaufen werden.

Schritt 4
Lösungen zusammenführen, reflektieren und diskutieren

- Zum Demonstrieren und Erklären anregen
- Lösungsfindung ggf. durch Hinweise und Fragen unterstützen
- Schülerlösungen systematisieren

- Allen Mitschülern Lösungen erklären und demonstrieren
- Lösungen mit allen Mitschülern diskutieren

Taktikleitbild: Raumüberbrückendes Dribbling

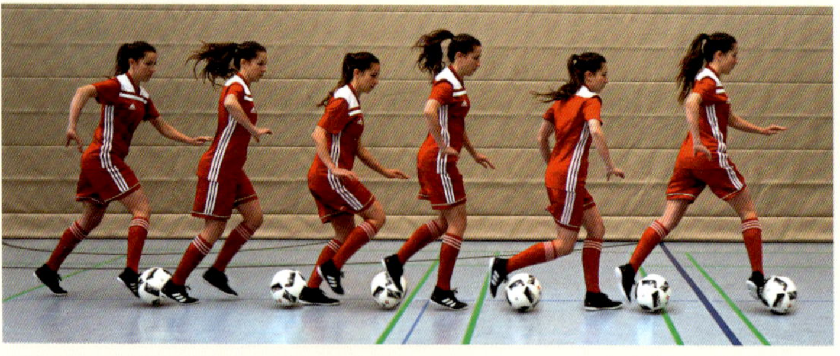

Schritt 1: Den Ball eng am Fuß führen, dafür den Ball nur leicht anstoßen.

Schritt 2: Den Blick vom Ball lösen.

Schritt 3: Beidfüßig dribbeln.

aktikleitbilder:
ribbling

Innenseite

Schritt 1: Die Fußspitze nach oben ziehen.
Schritt 2: Den Ball mit der Innenseite leicht anstoßen.

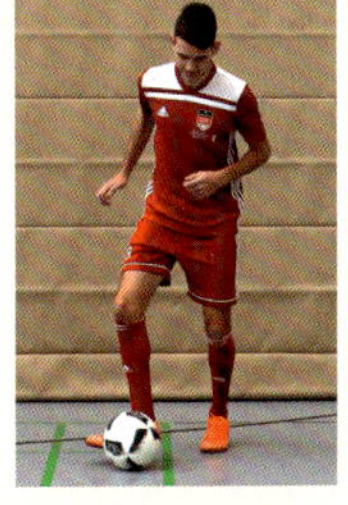
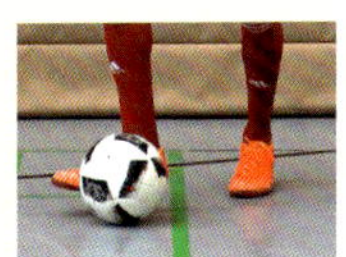

Innenspann

Schritt 1: Die Fußspitze nach unten außen strecken.
Schritt 2: Den Ball mit dem Innenspann leicht anstoßen.

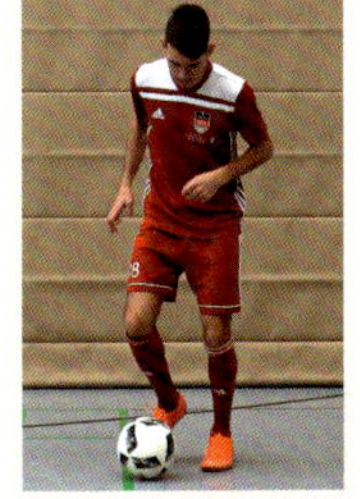
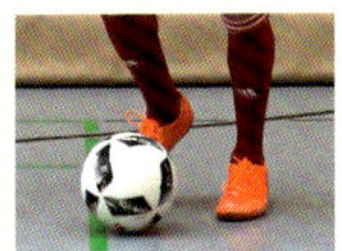

Vollspann

Schritt 1: Die Fußspitze gerade nach unten strecken.
Schritt 2: Den Ball mit dem Vollspann leicht anstoßen.

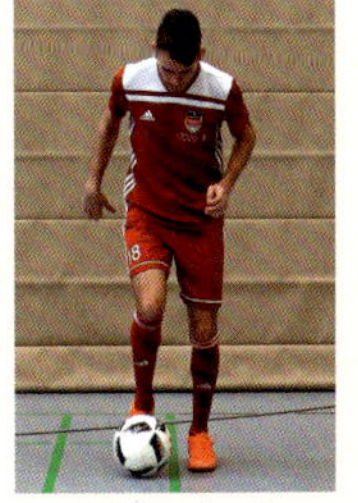
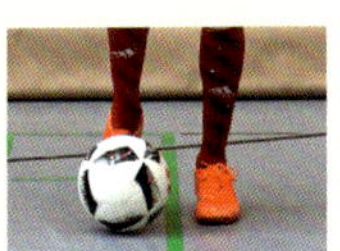

Außenspann

Schritt 1: Die Fußspitze nach innen unten strecken.
Schritt 2: Den Ball mit dem Außenspann leicht anstoßen.

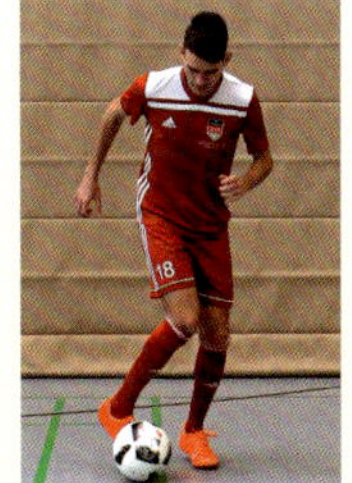
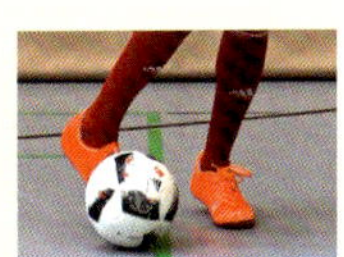

Sohle

Schritt 1: Die Fußspitze leicht nach oben ziehen.
Schritt 2: Mit der Sohle über den Ball rollen.

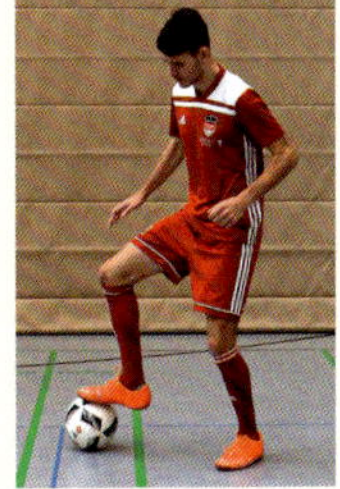
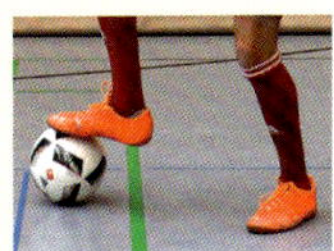

Schritt 5
Lösungen ausprobieren

- Parcours beobachten

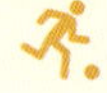

- Parcours durchdribbeln
- Lösungen ausprobieren

Hinweis

Der Slalomparcours wird nochmals durchgeführt.

Schritt 6
Lösungen üben

- Organisation und Ablauf erklären
- Schüler korrigieren

- Übungsform absolvieren

Übungsform

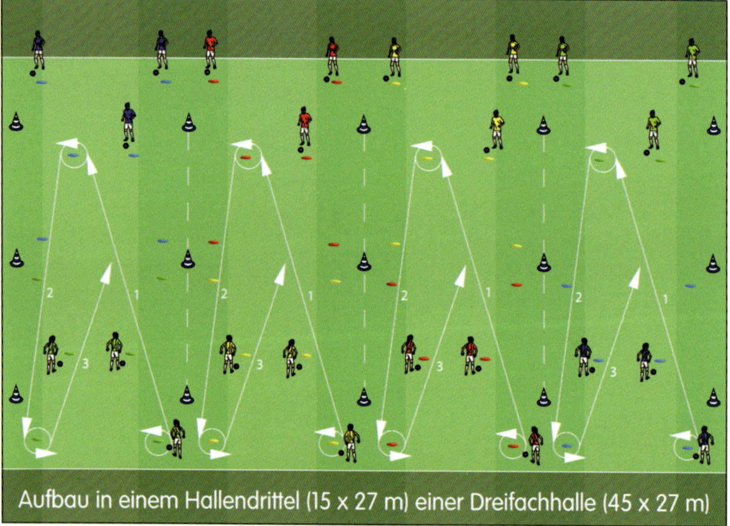

Aufbau in einem Hallendrittel (15 x 27 m) einer Dreifachhalle (45 x 27 m)

Organisation

Der Slalomparcours wird weiterhin genutzt. Jeder Spieler bekommt einen Futsal-Ball (sofern ausreichend vorhanden). Die insgesamt 6 Spieler von jeweils 2 Mannschaften dribbeln in ihrem Spielfeld. Jeder Spieler stellt sich zu Beginn hinter einer der 4 mittellinienfernen Markierscheiben in der Spielfeldhälfte seiner Mannschaft. Keine Markierscheibe darf doppelt besetzt werden.

Ablauf

Auf ein Signal dribbeln die Spieler im Wechsel a) komplett um eine Markierscheibe und b) möglichst schnell zu einer der 4 mittellinienfernen Markierscheiben in der anderen Spielfeldhälfte. Keine Markierscheibe darf zweimal hintereinander umdribbelt werden. Die Dribblingart darf frei gewählt werden.

ariationen

- *Erschwerungsschritt 1:* Für das Umdribbeln soll im Wechsel die Innenseite, der Innenspann, der Außenspann und die Sohle benutzt werden, für das Dribbeln zu einer anderen Markierscheibe im Wechsel der Voll- und der Außenspann.

- *Erschwerungsschritt 2:* Mit Erreichen einer neuen Markierscheibe wechselt auch der Dribblingfuß.

- *Erschwerungsschritt 3:* Die Art des Dribbelns zu einer anderen Markierscheibe wird durch Farben codiert: z.B. Vollspann = Rot, Außenspann = Blau; die Wahl des Dribblingfußes ist frei. Der Lehrer zeigt die Farbe für die Dribblingart durch Hochhalten eines entsprechenden Markierleibchens an; er bewegt sich bewusst durch die gesamte Halle.

- *Erschwerungsschritt 4:* Der Dribblingsfuß wird durch Farben codiert: z.B. links = Grün, rechts = Gelb. Der Lehrer zeigt die Farben für die Dribblingart und den -fuß durch Hochhalten von 2 entsprechenden Markierleibchen an.

- *Erschwerungsschritt 5:* Die acht Mannschaften treten im Wettbewerb gegeneinander an: Ziel ist es, als Mannschaft in 60 Sekunden möglichst viele Markierscheiben zu umdribbeln.

Schritt 7

Erworbene Kompetenzen festhalten

- Erworbene Kenntnisse, taktische Fähigkeiten und technische Fertigkeiten benennen und einordnen

- Erworbene Kompetenzen ggf. schriftlich sichern

enntnisse

Die Schüler kennen
- die fünf Dribblingarten „Innenseite“, „Innenspann“, „Vollspann“, „Außenspann“ und „Sohle“ sowie die Eckpunkte der Technikleitbilder.
- die Dribblingform „Raumüberbrückendes Dribbling“ sowie die Eckpunkte des Taktikleitbilds.

aktische ähigkeiten nd technische ertigkeiten

Die Schüler können
- mit allen fünf Dribblingarten dribbeln.
- einen freien Raum mit dem Ball überbrücken.

Lernaufgabe:
Wie?

Den Ball ohne Finte sichern können

Schritt 1
Bewegungsproblem erleben und entdecken

- Organisation und Ablauf erklären
- Übungsform beobachten

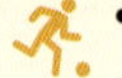

- Lernaufgabe lesen
- Übungsform absolvieren

Übungsform

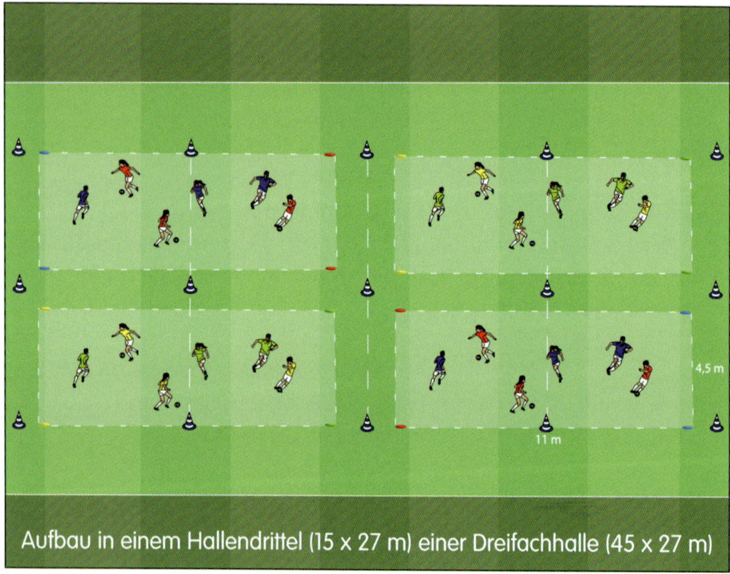

Aufbau in einem Hallendrittel (15 x 27 m) einer Dreifachhalle (45 x 27 m)

Organisation

Der Aufbau des Grundspiels wird weiterhin genutzt. Über jeweils 2 Spielfeldhälften hinweg sind mit Markierscheiben insgesamt 4 Übungsfelder aufgebaut. Die insgesamt 6 Spieler der beiden Mannschaften, in deren Spielfeldhälften sich das Feld befindet, besetzen das Übungsfeld. Pro Feld haben die 3 Spieler einer Mannschaft einen Futsal-Ball, die 3 Spieler der anderen Mannschaft haben keinen Ball.

Ablauf

Die Spieler ohne Ball haben die Aufgabe, jeweils einen Spieler mit Ball für 2-3 Sekunden unter Druck zu setzen und sich dann immer wieder einen neuen Gegenspieler zu suchen, den sie wiederum unter Druck setzen sollen. Ziel ist nicht der Ballgewinn, sondern einen Spieler ohne Ball so unter Druck zu setzen, dass er ihn sichern muss und noch kann. Die Aufgabe der Spieler mit Ball ist es, den Ball gegen immer neue Gegenspieler zu sichern. Nach max. 45 Sekunden wechseln die Aufgaben. Jede Mannschaft absolviert beide Aufgaben 3 x.

Lernaufgabe

Aufgabe während der Übungsform

Denkt über zwei Fragen nach:

- Was könnt ihr tun, um den Ball gegen einen Gegenspieler zu sichern?
- Wie könnt ihr euch vom Gegnerdruck lösen?

Aufgabe während der Reflexionsphase

- Erklärt und demonstriert euren Mitspielern eure Lösungen für die beiden Fragen.
- Diskutiert, welche Eckpunkte besonders wichtig sind, um den Ball sichern und euch von einem Gegenspieler lösen zu können.
- Denkt darüber nach, welche der bereits erlernten Dribblingarten ihr dabei benötigt.
- Tragt die Eckpunkte in die Tabelle ein und versucht, eine Reihenfolge festzulegen: Was mache ich zuerst (Eckpunkt 1), was dann (Eckpunkt 2) usw.?

Reihenfolge	Eckpunkte der Bewegungsausführung

Schritt 2
Bewegungserfahrungen reflektieren und Lösungen diskutieren

- Reflexionen und Diskussionen beobachten
- Ggf. zum Demonstrieren und Erklären anregen

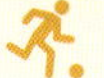

- Den Mitspielern Lösungen erklären und demonstrieren
- Lösungen mit den Mitspielern diskutieren
- Zusammenhang mit bereits Erlerntem besprechen

Schritt 3
Lösungen ausprobieren

- Übungsform beobachten

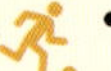

- Übungsform absolvieren
- Lösungen ausprobieren

Hinweis

Durchgeführt wird nochmals die oben stehende Übungsform. Die Belastungszeit sollte wiederum bei max. 45 Sekunden liegen. Jede Mannschaft absolviert beide Aufgaben 3 x. Möchte man das Lösen vom Gegnerdruck stärker fordern, sollten die Spieler ohne Ball ihre Gegenspieler eher für ca. 4–5 Sekunden unter Druck setzen.

Schritt 4
Lösungen zusammenführen, reflektieren und diskutieren

- Zum Demonstrieren und Erklären anregen
- Lösungsfindung ggf. durch Hinweise und Fragen unterstützen
- Zusammenhang mit bereits Erlerntem erfragen (vgl. Anforderungen)
- Schülerlösungen systematisieren

- Allen Mitschülern Lösungen erklären und demonstrieren
- Lösungen mit allen Mitschülern diskutieren
- Zusammenhang mit bereits Erlerntem diskutieren

Taktikleitbild: Ballsicherndes Dribbling

1 2 3

4 5 6

1 – 3 Schritt 1: Den Körper zwischen Ball und Gegenspieler stellen, dabei eine Schulter zum Gegenspieler drehen.

4 – 6 Schritt 2: Den Ball mit dem gegnerfernen Fuß führen und vom Gegenspieler lösen (vgl. Lernaufgabe „Den Ball mit einer Finte sichern können").

Schritt 5
Lösungen ausprobieren

- Übungsform beobachten

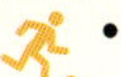

- Übungsform absolvieren
- Lösungen ausprobieren

inweis

Die oben stehende Übungsform wird nochmals durchgeführt. Die Belastungszeit sollte wiederum bei max. 45 Sekunden liegen. Jede Mannschaft absolviert beide Aufgaben 2x. Möchte man das Lösen vom Gegnerdruck stärker fordern, sollten die Spieler ohne Ball ihre Gegenspieler eher für ca. 4–5 Sekunden unter Druck setzen.

Schritt 6
Lösungen üben

- Organisation und Ablauf erklären
- Schüler korrigieren

- Spielübung absolvieren

pielübung

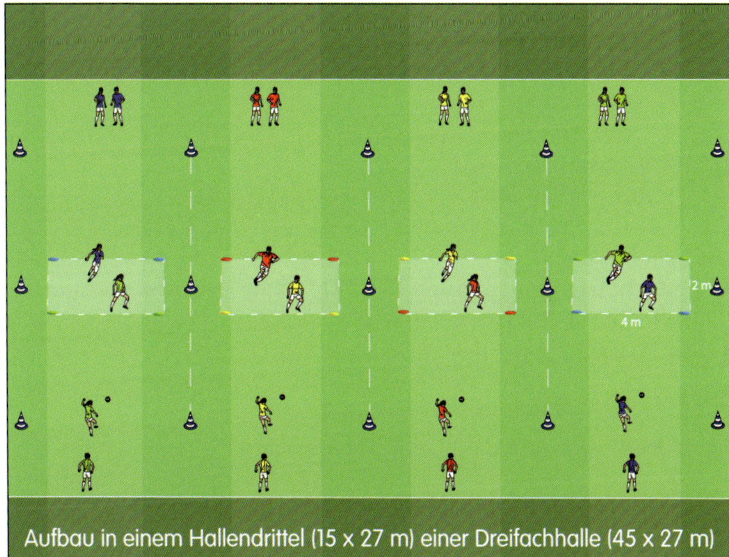

Aufbau in einem Hallendrittel (15 x 27 m) einer Dreifachhalle (45 x 27 m)

rganisation

Der Aufbau des Grundspiels wird weiterhin genutzt. Gespielt wird in den 4 Spielfeldern des Grundspiels. Auf jedem Spielfeld wird jeweils ein 1 gegen 1 gespielt. Pro Feld steht jeweils 1 Spieler jeder Mannschaft in der mittleren Zone; 1 Spieler agiert als Angreifer, 1 Spieler als Verteidiger. Die 2 weiteren Spieler jeder Mannschaft warten jeweils hinter ihrem Dribblingtor. Pro Spielfeld wird 1 Futsal-Ball benötigt.

Ablauf

Die Spielübung beginnt mit einem Anspiel eines Mitspielers von der Grundlinie des Dribblingtores aus zum Angreifer. Der Angreifer hat die Aufgabe, den ihm zugespielten Ball in der mittleren Zone anzunehmen, den Ball zu sichern, sich vom Gegenspieler zu lösen und im Anschluss die Grundlinie des gegnerischen Tores zu überdribbeln. Nimmt der Angreifer das Zuspiel nicht in der mittleren Zone an, wird das Zuspiel wiederholt. Die Aufgabe des Verteidigers ist es, den Angreifer bereits bei der Ballannahme unter Druck setzen und im Anschluss in Abhängigkeit von der Leistungsstärke des Gegenspielers zu verteidigen. Bei Foul oder unsportlichem Betragen des Verteidigers erhält der Angreifer den Ball und setzt das Spiel am Ort des Vergehens mit einem Dribbling fort. Die Übung endet, wenn der Angreifer die Grundlinie des gegnerischen Tores überdribbelt hat, der Verteidiger den Ball gewinnt und sichern kann oder der Ball in das Aus geht.

Schritt 7

Erworbene Kompetenzen festhalten

- Erworbene Kenntnisse und taktische Fähigkeiten benennen und einordnen
- Zusammenhang mit bereits Erlerntem herausstellen (vgl. Anforderungen)

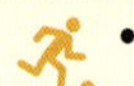

- Erworbene Kompetenzen ggf. schriftlich sichern

Kenntnisse

Die Schüler kennen
- die Dribblingform „Ballsicherndes Dribbling“ sowie die Eckpunkte des Taktikleitbilds.
- den Zusammenhang des „Ballsichernden Dribblings“ mit den fünf Dribblingarten.

Taktische Fähigkeiten und technische Fertigkeiten

Die Schüler können den Ball ohne Finte sichern.

Lernaufgabe: Wie?

Den Ball mit einer Finte sichern können (am Beispiel der Rivelino-Finte)

Schritt 1
Bewegungsproblem erleben und entdecken

- Organisation und Ablauf erklären
- Übungsform beobachten

- Lernaufgabe lesen
- Übungsform absolvieren

Übungsform

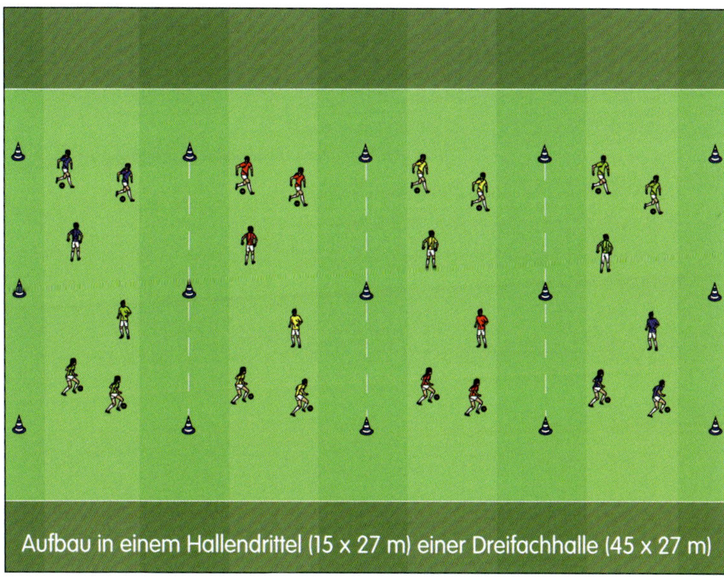

Aufbau in einem Hallendrittel (15 x 27 m) einer Dreifachhalle (45 x 27 m)

Organisation

Der Aufbau des Grundspiels wird weiterhin genutzt. Als Übungsfelder dienen die 8 Spielfeldhälften. Die 3 Spieler einer Mannschaft besetzen jeweils ihre Spielfeldhälfte. Jeder Spieler bekommt einen Futsal-Ball (sofern ausreichend vorhanden).

Ablauf

Zu Beginn nehmen sich alle 3 Spieler einer Mannschaft ihren Ball und probieren die Rivelino-Finte aus. Nach ca. 2 Minuten schaut 1 Spieler das Video noch einmal an. Seine Aufgabe ist es, die Bewegungsausführung seiner Mitspieler mit der im Video zu vergleichen und seinen Mitspielern Hinweise zu geben, was sie anders machen sollten. Nach ca. 2 Minuten wechselt die Aufgabe. Jeder Spieler sollte mindestens zweimal beobachtet werden und Hinweise von seinen Mitspielern bekommen.

Aufgabe vor der Übungsform

Lernaufgabe

- Scannt den QR-Code mit einem Handy oder Tablet ein.
- Schaut euch das Video der Rivelino-Finte mehrmals an.

Aufgabe während der Übungsform

- Versucht, die Rivelino-Finte nachzumachen.
- Im Wechsel schaut einer von euch das Video an:
  a) Vergleiche die Bewegungsausführung deiner Mitspieler mit der im Video.
  b) Gib deinen Mitspielern Hinweise, was sie anders machen sollten.

Aufgabe während der Reflexionsphase

- Diskutiert, welche Eckpunkte der Bewegung wichtig sind, um die Rivelino-Finte richtig ausführen zu können.
- Demonstriert euch hierfür gegenseitig in Zeitlupe die Bewegungsausführung.
- Tragt die Eckpunkte in die Tabelle ein und versucht, eine Reihenfolge festzulegen: Was mache ich zuerst (Eckpunkt 1), was dann (Eckpunkt 2) usw.?

Reihenfolge	Eckpunkte der Bewegungsausführung

Schritt 2

Bewegungserfahrungen reflektieren und Lösungen diskutieren

- Reflexionen und Diskussionen beobachten
- Ggf. zum Demonstrieren und Erklären anregen

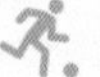

- Den Mitspielern Lösungen erklären und demonstrieren
- Lösungen mit den Mitspielern diskutieren
- Zusammenhang mit bereits Erlerntem besprechen

Schritt 3
Lösungen ausprobieren

- Übungsform beobachten

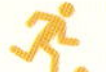

- Übungsform absolvieren
- Lösungen ausprobieren

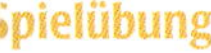

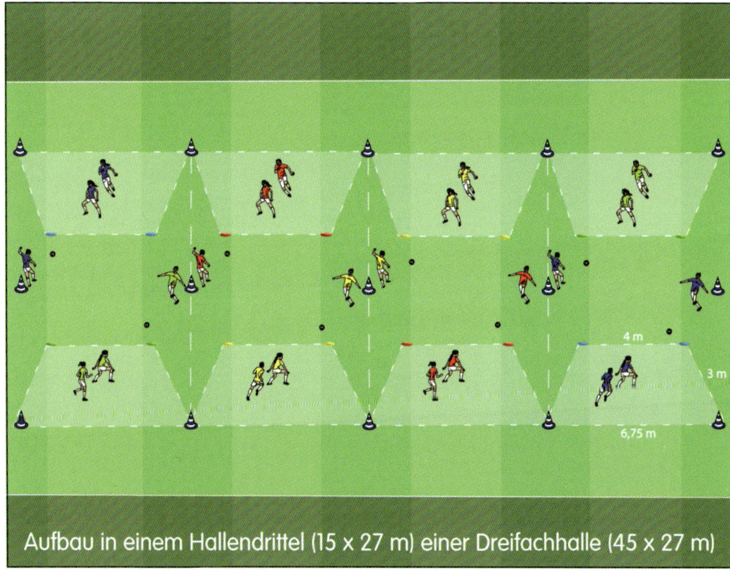

Aufbau in einem Hallendrittel (15 x 27 m) einer Dreifachhalle (45 x 27 m)

Organisation

Der Aufbau des Grundspiels wird weiterhin genutzt. Innerhalb der 4 Spielfelder werden mit Markierscheiben jeweils 2 Zonen abgesteckt. Auf jeder Spielfeldhälfte befindet sich eine Mannschaft. 2 Spieler sind in der Zone. 1 Spieler agiert als Angreifer, 1 Spieler als Verteidiger. Der 3. Spieler steht am linken oder rechten torfernen Leitkegel. Pro Spielfeld wird 1 Futsal-Ball benötigt.

Ablauf

Die Spielübung beginnt mit einem Zuspiel eines Mitspielers zum Angreifer. Die Aufgabe des Angreifers ist es, den Ball anzunehmen, sich mit der Rivelino-Finte von seinem Gegenspieler zu lösen und die tornahe Begrenzungslinie der Zone zu überdribbeln. Kann der Angreifer das Zuspiel nicht sicher verarbeiten, wird es wiederholt. Der Verteidiger hat die Aufgabe, teilaktiv zu verteidigen, damit der Angreifer die Rivelino-Finte gegen einen Gegenspieler ausprobieren kann. Foult der Verteidiger den Angreifer versehentlich, wird die Spielübung noch einmal neu gestartet. Die Spielübung endet, wenn der Angreifer die Grundlinie des gegnerischen Tores überdribbelt hat. Jeder Spieler absolviert seine Aufgabe 3 x, dann wechseln die Aufgaben.

Schritt 4
Lösungen zusammenführen, reflektieren und diskutieren

- Zum Demonstrieren und Erklären anregen
- Lösungsfindung ggf. durch Hinweise und Fragen unterstützen
- Zusammenhang mit bereits Erlerntem erfragen (vgl. Anforderungen)
- Schülerlösungen systematisieren

- Allen Mitschülern Lösungen erklären und demonstrieren
- Lösungen mit allen Mitschülern diskutieren
- Zusammenhang mit bereits Erlerntem diskutieren

Technikleitbild: Rivelino-Finte (seitlich nach hinten)

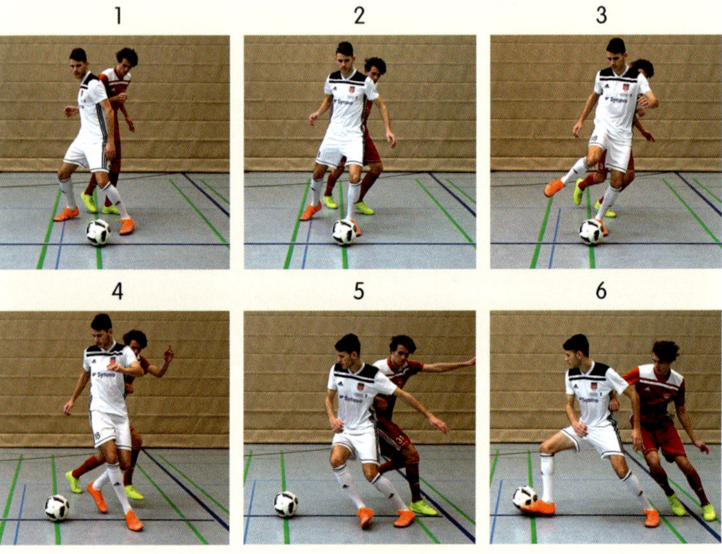

1 – 3 Schritt 1: Aus der Grundstellung des ballsichernden Dribblings den Ball mit dem starken Fuß von außen nach innen übersteigen.

4 Schritt 2: Den übersteigenden Fuß aufsetzen und das Körpergewicht auf diesen verlagern.

5 Schritt 3: Den anderen Fuß umsetzen und mit diesem abdrücken, um einen Richtungswechsel und eine Temposteigerung einzuleiten.

6 Schritt 4: Den Ball mit dem Außenspann des übersteigenden Fußes seitlich nach hinten (in Richtung gegnerisches Tor) mitnehmen.

Schritt 5
Lösungen ausprobieren

- Übungsform beobachten

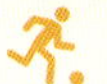

- Übungsform absolvieren
- Lösungen ausprobieren

Hinweis

Die oben stehende Spielübung wird nochmals durchgeführt.

Schritt 6
Lösungen üben

- Organisation und Ablauf erklären
- Schüler korrigieren

- Spielübung absolvieren

Spielübung

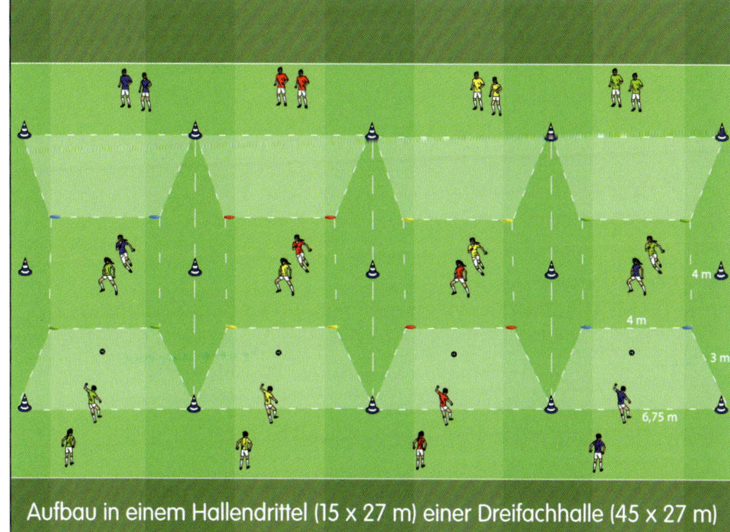

Aufbau in einem Hallendrittel (15 x 27 m) einer Dreifachhalle (45 x 27 m)

Organisation

Der Aufbau des Grundspiels und der vorhergehenden Spielübung werden weiterhin genutzt. Gespielt wird auf 2 Dribblingtore. Auf jedem Spielfeld wird ein 1 gegen 1 gespielt. Pro Mannschaft steht jeweils 1 Spieler in der mittleren Zone. Die 2 weiteren Spieler jeder Mannschaft warten hinter ihrem Dribblingtor. Pro Spielfeld wird 1 Futsal-Ball benötigt.

Ablauf

Die Spielübung beginnt mit einem Anspiel eines Mitspielers von der Grundlinie des Dribblingtores aus zum Angreifer. Der Angreifer hat die Aufgabe, den ihm zugespielten Ball in der mittleren Zone anzunehmen und sich (möglichst) mit der Rivelino-Finte von seinem Gegenspieler zu lösen. Um ein Tor zu erzielen, darf er die Zone nur über die seitliche bzw. tornahe Begrenzungslinie verlassen. Nimmt der Angreifer das Zuspiel nicht in der gegnerischen Zone an, wird das Zuspiel wiederholt. Die Aufgabe des Verteidigers ist es, den Angreifer bereits bei der Ballannahme unter Druck setzen und im Anschluss in Abhängigkeit von der Leistungsstärke des Angreifers zu verteidigen. Bei Foul oder unsportlichem Betragen erhält der gegnerische Spieler den Ball und setzt das Spiel am Ort des Vergehens mit einem Dribbling fort. Die Übung endet, wenn der Angreifer die Grundlinie des gegnerischen Tores überdribbelt hat, der Verteidiger den Ball gewinnt und sichern kann oder der Ball in das Aus geht.

Schritt 7
Erworbene Kompetenzen festhalten

- Erworbene Kenntnisse und taktische Fähigkeiten benennen und einordnen
- Zusammenhang mit bereits Erlerntem herausstellen (vgl. Anforderungen)

- Erworbene Kompetenzen ggf. schriftlich sichern

Kenntnisse

Die Schüler kennen
- die Finte „Rivelino" sowie die Eckpunkte des Technikleitbilds.
- den Zusammenhang der Finte „Rivelino" mit der Dribblingform „Ballsicherndes Dribbling" und den fünf Dribblingarten.

Taktische Fähigkeiten und technische Fertigkeiten

Die Schüler können den Ball mit der Rivelino-Finte sichern.

Lernaufgabe:
Wie?

Den Gegenspieler ohne Finte überwinden können

Schritt 1
Bewegungsproblem erleben und entdecken

- Organisation und Ablauf erklären
- Übungsform beobachten

- Lernaufgabe lesen
- Übungsform absolvieren

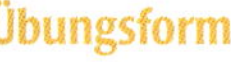

Übungsform

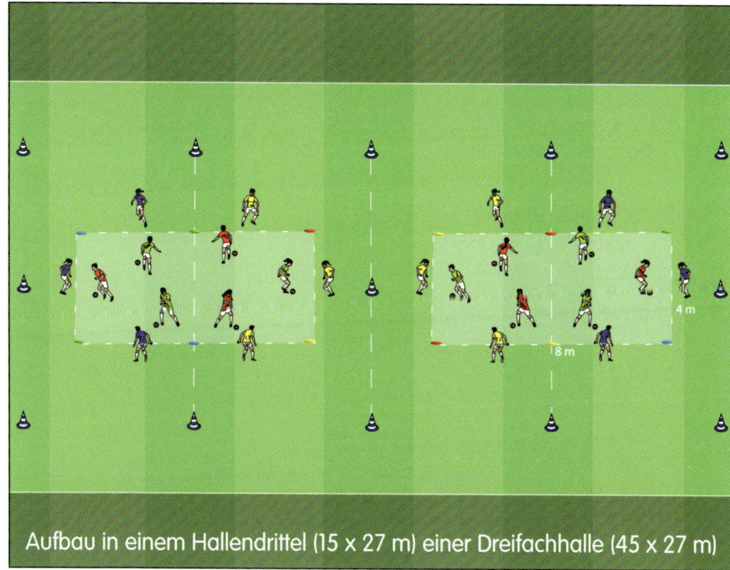

Aufbau in einem Hallendrittel (15 x 27 m) einer Dreifachhalle (45 x 27 m)

Organisation

Der Aufbau des Grundspiels wird weiterhin genutzt. Über jeweils 2 Spielfelder hinweg sind mit Markierscheiben 2 Übungsfelder aufgebaut. Von den insgesamt 12 Spielern der beiden Mannschaften, in deren Spielfeld sich das Feld befindet, gehen 6 in das Übungsfeld, 6 postieren sich an den Seitenlinien außerhalb des Feldes (jeweils 1 Spieler zwischen 2 Markierscheiben). Die 6 Spieler innerhalb der Felder haben einen Futsal-Ball, die 6 Spieler außerhalb der Felder haben keinen Ball.

Ablauf

Die Spieler mit Ball haben die Aufgabe, aus dem Feld zu dribbeln, ohne dass einer der Spieler außerhalb des Feldes ihnen den Ball abnimmt. Hierfür dürfen sie alle 4 Seitenlinien des Feldes überdribbeln. Die Aufgabe der Spieler ohne Ball ist es, sie daran zu hindern. Die Übung endet, wenn alle Spieler aus dem Feld gedribbelt sind bzw. sie den Ball hierbei verloren haben. Im Anschluss wechseln die Aufgaben. Jede Mannschaft absolviert beide Aufgaben 5 x.

Lernaufgabe

Aufgabe während der Übungsform

Denkt über folgende Frage nach:

- Wie könnt ihr aus dem Feld dribbeln, ohne dass der Gegenspieler den Ball gewinnt?

Aufgabe während der Reflexionsphase

- Erklärt und demonstriert euren Mitspielern eure Lösungen.
- Diskutiert, welche Eckpunkte besonders wichtig sind, um am Gegenspieler vorbeizukommen.
- Denkt darüber nach, welche bereits erlernten Dribblingarten ihr dabei benötigt.
- Tragt die Eckpunkte in die Tabelle ein und versucht, eine Reihenfolge festzulegen: Was mache ich zuerst (Eckpunkt 1), was dann (Eckpunkt 2) usw.?

Reihenfolge	Eckpunkte der Bewegungsausführung

Schritt 2
Bewegungserfahrungen reflektieren und Lösungen diskutieren

- Reflexionen und Diskussionen beobachten
- Ggf. zum Demonstrieren und Erklären anregen

- Den Mitspielern Lösungen erklären und demonstrieren
- Lösungen mit den Mitspielern diskutieren
- Zusammenhang mit bereits Erlerntem besprechen

Schritt 3
Lösungen ausprobieren

- Übungsform beobachten

- Übungsform absolvieren
- Lösungen ausprobieren

Hinweis

Die oben stehende Übungsform wird nochmals durchgeführt. Jede Mannschaft absolviert beide Aufgaben 5 x.

Schritt 4
Lösungen zusammenführen, reflektieren und diskutieren

- Zum Demonstrieren und Erklären anregen
- Lösungsfindung ggf. durch Hinweise und Fragen unterstützen
- Zusammenhang mit bereits Erlerntem erfragen (vgl. Anforderungen)
- Schülerlösungen systematisieren

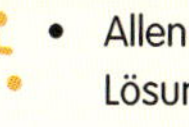

- Allen Mitschülern Lösungen erklären und demonstrieren
- Lösungen mit allen Mitschülern diskutieren
- Zusammenhang mit bereits Erlerntem diskutieren

Taktikleitbild: Gegnerüberwindendes Dribbling

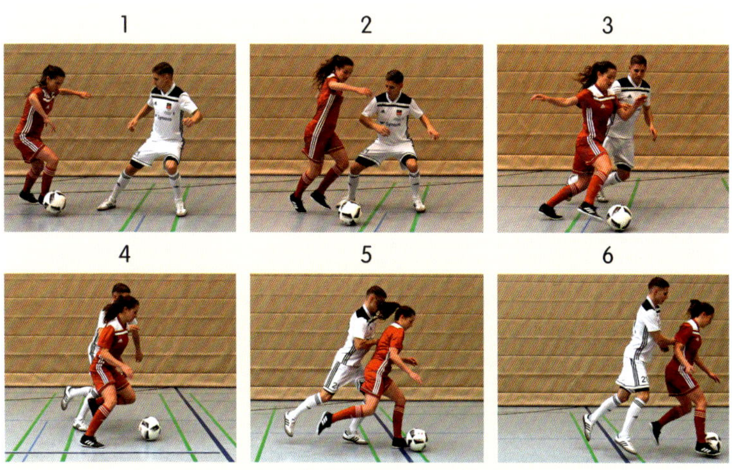

1 – 2 Schritt 1: Den Ball rechtzeitig am Gegenspieler vorbeispielen und dem Ball mit hohem Tempo nachstarten.

3 – 4 Schritt 2: Den Körper zwischen Ball und Gegenspieler bringen und den Ball mit dem gegnerfernen Fuß führen.

5 – 6 Schritt 3: Den Laufweg des Gegenspielers kreuzen.

Schritt 5
Lösungen ausprobieren

- Übungsform beobachten

- Übungsform absolvieren
- Lösungen ausprobieren

Hinweis

Die oben stehende Übungsform wird nochmals durchgeführt. Jede Mannschaft absolviert beide Aufgaben 3 x.

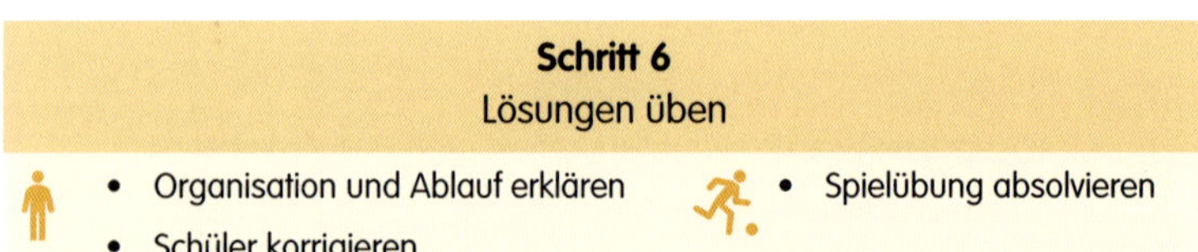

Spielübung

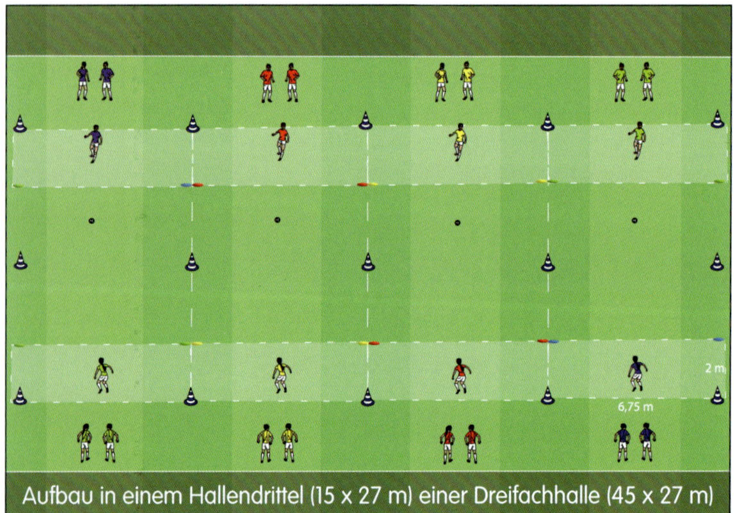

Aufbau in einem Hallendrittel (15 x 27 m) einer Dreifachhalle (45 x 27 m)

Organisation

Der Aufbau des Grundspiels wird weiterhin genutzt. Gespielt wird auf 2 Dribblingtore. Innerhalb der 4 Spielfelder werden an den Enden mit Markierscheiben jeweils 2 Zonen abgesteckt. Auf jedem Spielfeld wird jeweils ein 1 gegen 1 gespielt. Pro Feld steht jeweils 1 Spieler pro Mannschaft in der Zone vor seinem Dribblingtor; 1 Spieler agiert als Angreifer, 1 Spieler als Verteidiger. Die 2 weiteren Spieler jeder Mannschaft warten jeweils hinter ihrem Dribblingtor. Pro Spielfeld wird 1 Futsal-Ball benötigt.

Ablauf

Die Spielübung beginnt mit einem Zuspiel des Verteidigers zum Angreifer. Der Angreifer hat die Aufgabe, den ihm zugespielten Ball in seiner Zone anzunehmen, den Verteidiger zu überwinden und die Grundlinie des gegnerischen Tores zu überdribbeln. Nimmt der Angreifer das Zuspiel nicht innerhalb der Zone an, wird das Zuspiel wiederholt. Die Aufgabe des Verteidigers ist es, in Abhängigkeit von der Leistungsstärke des Angreifers zu verteidigen. Er darf seine Zone erst mit dem ersten Ballkontakt des Angreifers verlassen. Bei Foul oder unsportlichem Betragen des Verteidigers wird die Spielübung noch einmal neu gestartet. Die Übung endet, wenn der Angreifer die Grundlinie des gegnerischen Tores überdribbelt hat, der Verteidiger den Ball gewinnt und sichern kann oder der Ball in das Aus geht.

Schritt 7
Erworbene Kompetenzen festhalten

- Erworbene Kenntnisse und taktische Fähigkeiten benennen und einordnen
- Zusammenhang mit bereits Erlerntem herausstellen (vgl. Anforderungen)

- Erworbene Kompetenzen ggf. schriftlich sichern

Kenntnisse

Die Schüler kennen
- die Dribblingform „Gegnerüberwindendes Dribbling“ sowie die Eckpunkte des Taktikleitbilds.
- den Zusammenhang der Dribblingform „Gegnerüberwindendes Dribbling“ mit den fünf Dribblingarten.

Taktische Fähigkeiten und technische Fertigkeiten

Die Schüler können den Gegenspieler ohne Finte überwinden.

Den Gegenspieler mit einer Finte überwinden können (am Beispiel der Übersteiger-Finte)

Lernaufgabe: Wie?

Schritt 1

Bewegungsproblem erleben und entdecken

- Organisation und Ablauf erklären
- Übungsform beobachten

- Lernaufgabe lesen
- Übungsform absolvieren

Übungsform

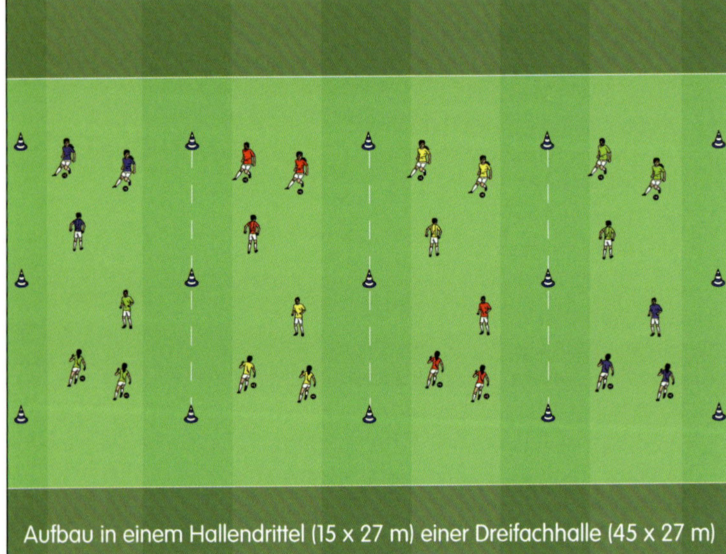

Aufbau in einem Hallendrittel (15 x 27 m) einer Dreifachhalle (45 x 27 m)

Organisation

Der Aufbau des Grundspiels wird weiterhin genutzt. Als Übungsfelder dienen die 8 Spielfeldhälften. Die 3 Spieler einer Mannschaft besetzen jeweils ihre Spielfeldhälfte. Jeder Spieler bekommt einen Futsal-Ball (sofern ausreichend vorhanden).

Ablauf

Zu Beginn nehmen sich alle 3 Spieler einer Mannschaft ihren Ball und probieren die Übersteiger-Finte aus. Nach ca. 2 Minuten schaut sich ein Spieler das Video noch einmal an. Seine Aufgabe ist es, die Bewegungsausführung seiner Mitspieler mit der im Video zu vergleichen und seinen Mitspielern Hinweise zu geben, was sie anders machen sollten. Nach ca. 2 Minuten wechselt die Aufgabe. Jeder Spieler sollte mindestens zweimal beobachtet werden und Hinweise von seinen Mitspielern bekommen.

Lernaufgabe

Aufgabe vor der Übungsform

Denkt über folgende Frage nach:

- Scannt den QR-Code mit einem Handy oder Tablet ein.
- Schaut euch das Video der Übersteiger-Finte mehrmals an.

Aufgabe während der Übungsform

- Versucht, die Übersteiger-Finte nachzumachen.
- Im Wechsel schaut einer von euch das Video an:
  a) Vergleiche die Bewegungsausführung deiner Mitspieler mit der im Video.
  b) Gib deinen Mitspielern Hinweise, was sie anders machen sollten.

Aufgabe während der Reflexionsphase

- Diskutiert, welche Eckpunkte der Bewegung wichtig sind, um die Übersteiger-Finte richtig ausführen zu können.
- Demonstriert euch hierfür gegenseitig in Zeitlupe die Bewegungsausführung.
- Denkt darüber nach, welche bereits erlernten Dribblingarten ihr dabei benötigt.
- Tragt die Eckpunkte in die Tabelle ein und versucht, eine Reihenfolge festzulegen: Was mache ich zuerst (Eckpunkt 1), was dann (Eckpunkt 2) usw.?

Reihenfolge	Eckpunkte der Bewegungsausführung

Schritt 2
Bewegungserfahrungen reflektieren und Lösungen diskutieren

- Reflexionen und Diskussionen beobachten
- Ggf. zum Demonstrieren und Erklären anregen

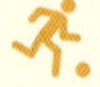

- Den Mitspielern Lösungen erklären und demonstrieren
- Lösungen mit den Mitspielern diskutieren
- Zusammenhang mit bereits Erlerntem besprechen

Schritt 3
Lösungen ausprobieren

- Übungsform beobachten

- Übungsform absolvieren
- Lösungen ausprobieren

Spielübung

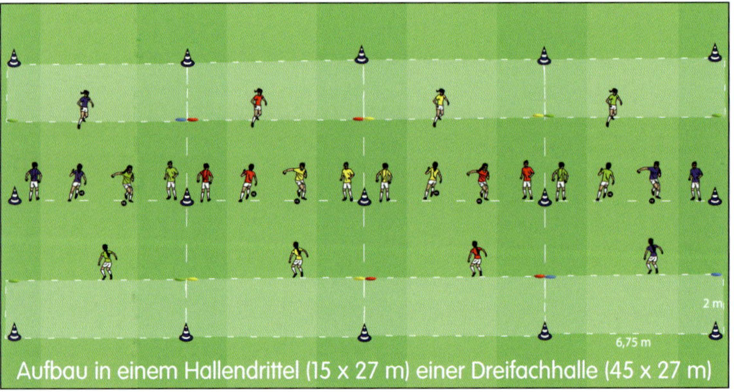

Aufbau in einem Hallendrittel (15 x 27 m) einer Dreifachhalle (45 x 27 m)

Organisation

Der Aufbau des Grundspiels wird weiterhin genutzt. Innerhalb der 4 Spielfelder sind mit Markierscheiben jeweils 2 Zonen aufgebaut. Gespielt wird auf 1 Dribblingtor. Auf jeder Spielfeldhälfte befindet sich eine Mannschaft. Der Angreifer steht auf der Mittellinie, der Verteidiger auf der Linie zwischen den beiden Markierscheiben. Der dritte Spieler wartet auf Höhe der Mittellinie am Spielfeldrand. Pro Spielfeldhälfte wird 1 Futsal-Ball benötigt.

Ablauf

Die Spielübung beginnt mit einem Dribbling des Angreifers. Der Angreifer hat die Aufgabe, den Verteidiger mit der Übersteiger-Finte zu überwinden und im Anschluss die Grundlinie des Tores zu überdribbeln. Die Aufgabe des Verteidigers ist es, teilaktiv zu verteidigen, damit der Angreifer die Übersteiger-Finte gegen einen Gegenspieler ausprobieren kann. Er darf sich nur seitlich auf der Linie zwischen den beiden Markierscheiben bewegen. Foult der Verteidiger den Angreifer versehentlich, wird die Spielübung noch einmal neu gestartet. Die Übung endet, wenn der Angreifer die Grundlinie des gegnerischen Tores überdribbelt hat oder der Ball in das Aus geht. Der wartende Spieler wird zum Angreifer, der Angreifer zum Verteidiger und der Verteidiger zum wartenden Spieler.

Schritt 4
Lösungen zusammenführen, reflektieren und diskutieren

- Zum Demonstrieren und Erklären anregen
- Lösungsfindung ggf. durch Hinweise und Fragen unterstützen
- Zusammenhang mit bereits Erlerntem erfragen (vgl. Anforderungen)
- Schülerlösungen systematisieren

- Allen Mitschülern Lösungen erklären und demonstrieren
- Lösungen mit allen Mitschülern diskutieren
- Zusammenhang mit bereits Erlerntem diskutieren

Technikleitbild: Übersteiger-Finte

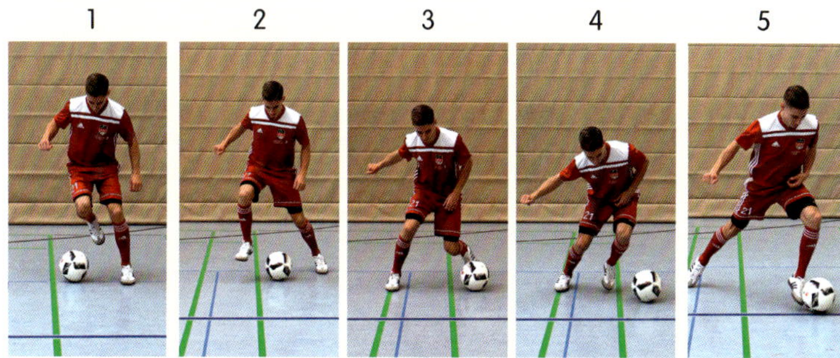

1 – 2 Schritt 1: Den Ball mit dem starken Fuß seitlich nach vorne übersteigen (Übersteigrichtung ca. 45° zur Dribblingrichtung).

3 Schritt 2: Den übersteigenden Fuß aufsetzen und das Körpergewicht auf diesen verlagern.

4 Schritt 3: Mit dem übersteigenden Fuß abdrücken, um einen Richtungswechsel und eine Temposteigerung einzuleiten (Richtungswechsel ca. 90° zur Übersteigrichtung).

5 Schritt 4: Den Ball mit dem Außenspann des anderen Fußes mitnehmen.

Schritt 5
Lösungen ausprobieren

- Übungsform beobachten

- Übungsform absolvieren
- Lösungen ausprobieren

Hinweis

Die oben stehende Spielübung wird nochmals durchgeführt.

Schritt 6
Lösungen üben

- Organisation und Ablauf erklären
- Schüler korrigieren

- Spielübung absolvieren

Spielübung

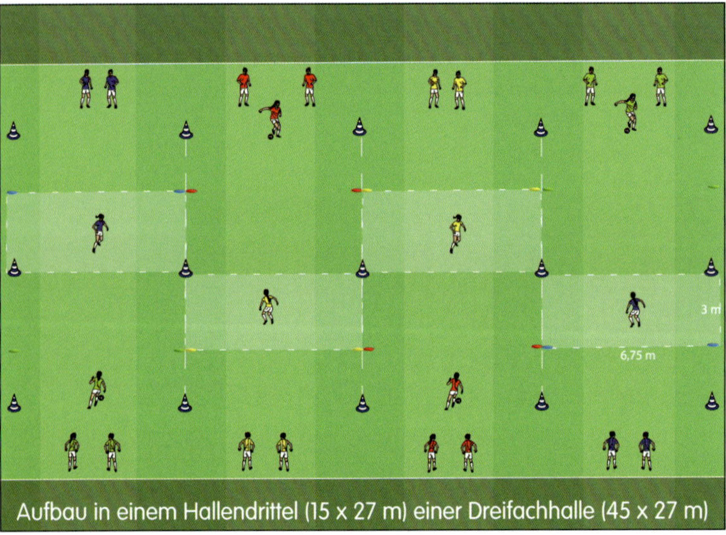

Aufbau in einem Hallendrittel (15 x 27 m) einer Dreifachhalle (45 x 27 m)

Organisation

Der Aufbau des Grundspiels und der vorhergehenden Spielübung werden weiterhin genutzt. Gespielt wird auf 2 Dribblingtore. Innerhalb der 4 Spielfelder sind mit Markierscheiben jeweils 2 Zonen aufgebaut. Auf jedem Spielfeld wird ein 1 gegen 1 gespielt. Der verteidigende Spieler steht in der „Verteidigungszone“. Der Spieler mit Ball steht an der Grundlinie seines Dribblingtores. Die 2 weiteren Spieler jeder Mannschaft warten hinter ihrem Dribblingtor. Pro Spielfeld wird 1 Futsal-Ball benötigt.

Ablauf

Die Spielübung beginnt mit einem Dribbling des Spielers am Ball von der Grundlinie des Dribblingtores. Der Angreifer hat die Aufgabe, den Verteidiger (möglichst) mit einer Übersteiger-Finte zu überwinden und die Grundlinie des gegnerischen Tores zu überdribbeln. Die Aufgabe des Verteidigers ist es, in Abhängigkeit von der Leistungsstärke des Angreifers zu verteidigen. Er darf die Verteidigungszone nicht verlassen. Bei Foul oder unsportlichem Betragen des Verteidigers erhält der Angreifer den Ball und setzt das Spiel am Ort des Vergehens mit einem Dribbling fort. Die Übung endet, wenn der Angreifer die Grundlinie des gegnerischen Tores überdribbelt hat, der Verteidiger den Ball gewinnt und sichern kann oder der Ball in das Aus geht.

Schritt 7
Erworbene Kompetenzen festhalten

- Erworbene Kenntnisse und taktische Fähigkeiten benennen und einordnen
- Zusammenhang mit bereits Erlerntem herausstellen (vgl. Anforderungen)

- Erworbene Kompetenzen ggf. schriftlich sichern

Kenntnisse

Die Schüler kennen
- die Finte „Übersteiger“ sowie die Eckpunkte des Technikleitbilds.
- den Zusammenhang der Finte „Übersteiger“ mit der Dribblingform „Gegnerüberwindendes Dribbling“ und den fünf Dribblingarten.

Taktische Fähigkeiten und technische Fertigkeiten

Die Schüler können den Gegenspieler mit einer Finte überwinden.

Den zur Spielrichtung ausgerichteten Gegenspieler angreifen können

Lernaufgabe: Wie?

Schritt 1
Bewegungsproblem erleben und entdecken

- Organisation und Ablauf erklären
- Spielübung beobachten

- Lernaufgabe lesen
- Spielübung absolvieren

Spielübung

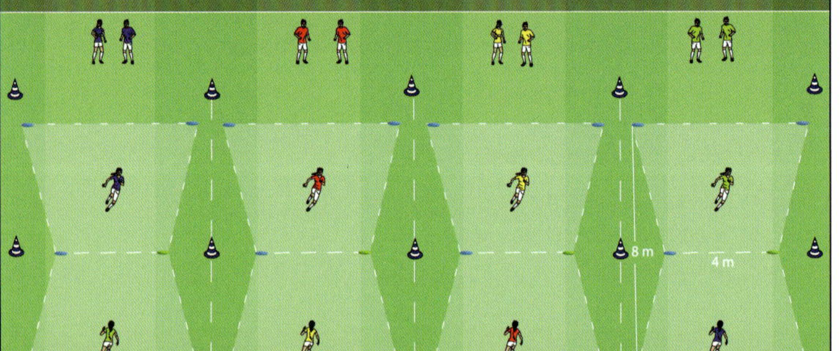

Aufbau in einem Hallendrittel (15 x 27 m) einer Dreifachhalle (45 x 27 m)

Organisation

Innerhalb der 4 Spielfelder des Grundspiels sind mit Markierscheiben jeweils sanduhrförmige Spielfelder aufgebaut. Die beiden Grundlinien der neu gebildeten Spielfelder sind Dribblingtore. Auf jedem Spielfeld wird ein 1-gegen-1 gespielt. Der Verteidiger und der Angreifer stehen jeweils auf der Grundlinie ihres Dribblingtores. Die 2 weiteren Spieler jeder Mannschaft warten hinter ihrem Dribblingtor. Pro Feld wird 1 Futsal-Ball benötigt.

Ablauf

Die Spielübung beginnt mit einem Dribbling des Angreifers. Der Verteidiger hat die Aufgabe, den Angreifer so zu verteidigen, dass er kein Tor erzielen kann. Er darf die Grundlinie seines Tores erst mit dem ersten Ballkontakt des Angreifers verlassen. Bei Foul oder unsportlichem Betragen des Verteidigers wird die Spielübung noch einmal neu gestartet. Die Aufgabe des Angreifers ist es, in Abhängigkeit von der Leistungsstärke des Verteidigers zu agieren. Die Übung endet, wenn der Verteidiger den Ball gewinnt und sichern kann, der Ball in das Aus geht oder der Angreifer die Grundlinie des Tores überdribbelt hat.

Lernaufgabe

Aufgabe vor der Übungsform

Denkt über folgende Fragen nach:

1. Was könnt ihr machen, sobald der Angreifer losdribbelt?
2. Wie könnt ihr es schaffen, dass der Angreifer euch nicht mit dem Ball überläuft?
3. Wann ist die beste Gelegenheit, den Ball zu erobern?
4. Wie genau könnt ihr den Ball erobern?

Aufgabe während der Reflexionsphase

- Erklärt und demonstriert euren Mitspielern eure Lösungen für die vier Fragen.
- Diskutiert eure Lösungen für die vier Fragen.
- Tragt die Lösungen für die vier Fragen in die Tabelle ein.

Frage	Lösung
1	
2	
3	
4	

Schritt 2
Bewegungserfahrungen reflektieren und Lösungen diskutieren

- Reflexionen und Diskussionen beobachten
- Ggf. zum Demonstrieren und Erklären anregen

- Den Mitspielern Lösungen erklären und demonstrieren
- Lösungen mit den Mitspielern diskutieren

Schritt 3
Lösungen ausprobieren

- Spielübung beobachten

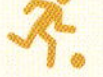

- Spielübung absolvieren
- Lösungen ausprobieren

Hinweis

Die oben stehende Spielübung wird nochmals durchgeführt.

Schritt 4

Lösungen zusammenführen, reflektieren und diskutieren

- Zum Demonstrieren und Erklären anregen
- Lösungsfindung ggf. durch Hinweise und Fragen unterstützen
- Schülerlösungen systematisieren

- Allen Mitschülern Lösungen erklären und demonstrieren
- Lösungen mit allen Mitschülern diskutieren

Taktikleitbild: Den zur Spielrichtung ausgerichteten Gegenspieler angreifen

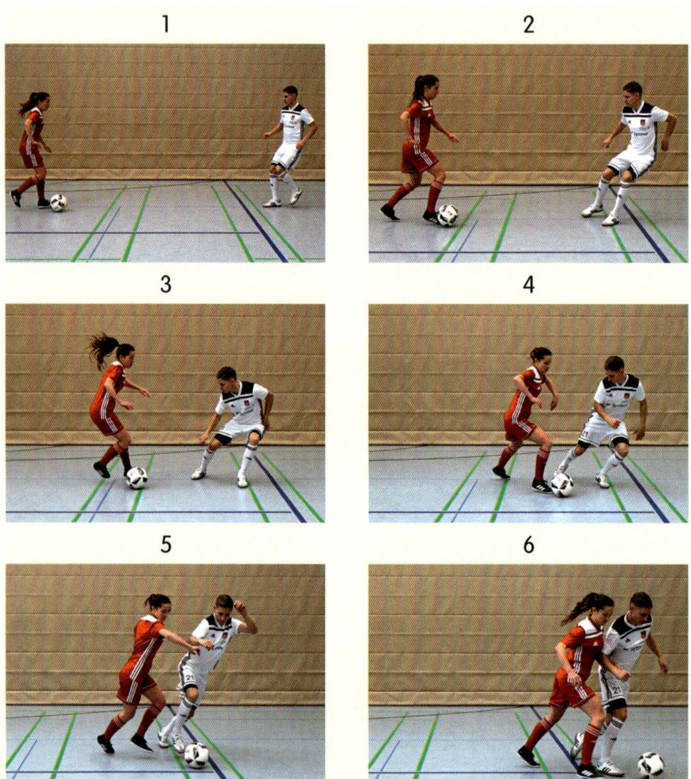

1 – 2 Schritt 1: Den Abstand zum Gegenspieler verkürzen (auf ca. 2–3 Meter), rechtzeitig abstoppen und sich seitlich stellen.

3 – 4 Schritt 2: Die Gegenbewegung einleiten und Tempo des Gegenspielers aufnehmen.

5 – 6 Schritt 3: Sobald sich der Gegenspieler den Ball vorlegt, den Körper zwischen Gegenspieler und Ball schieben und den Ball erobern.

Schritt 5
Lösungen ausprobieren

- Spielübung beobachten

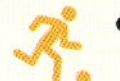

- Spielübung absolvieren
- Lösungen ausprobieren

Hinweis

Die Spielübung wird nochmals durchgeführt.

Schritt 6
Lösungen üben

- Organisation und Ablauf erklären
- Schüler korrigieren

- Spielübung absolvieren

Spielübung

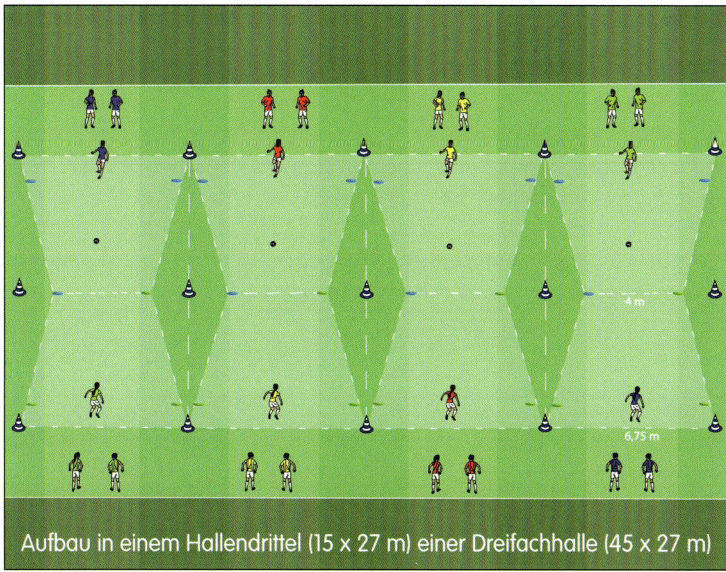

Aufbau in einem Hallendrittel (15 x 27 m) einer Dreifachhalle (45 x 27 m)

Organisation

Der Aufbau des Grundspiels und der vorhergehenden Spielübung wird weiterhin genutzt. Die sanduhrförmigen Spielfelder erstrecken sich nun bis zu den Leitkegeln am Ende der Spielfelder des Grundspiels. Gespielt wird auf die Dribblingtore des Grundspiels. Auf jedem Spielfeld wird ein 1 gegen 1 gespielt. Der Verteidiger und der Angreifer stehen jeweils in der Zone zwischen den beiden tornahen Markierscheiben und ihrem Dribblingtor. Die 2 weiteren Spieler jeder Mannschaft warten hinter ihrem Dribblingtor. Pro Feld wird 1 Futsal-Ball benötigt.

Ablauf

Die Spielübung beginnt mit einem Pass des Verteidigers auf den Angreifer. Der Pass muss nicht mittig gespielt werden, darf das Spielfeld jedoch nicht verlassen. Der Verteidiger hat die Aufgabe, den Angreifer so zu verteidigen, dass er kein Tor erzielen kann. Er darf seine Zone erst verlassen, wenn der Angreifer aus seiner Zone herausdribbelt. Bei Foul oder unsportlichem Betragen des Verteidigers wird die Spielübung noch einmal neu gestartet. Die Aufgabe des Angreifers ist es, in Abhängigkeit von der Leistungsstärke des Verteidigers zu agieren. Die Übung endet, wenn der Verteidiger den Ball gewinnt und sichern kann, der Ball in das Aus geht oder der Angreifer die Grundlinie des Tores überdribbelt hat.

Schritt 7
Erworbene Kompetenzen festhalten

- Erworbene Kenntnisse und taktische Fähigkeiten benennen und einordnen

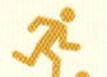

- Erworbene Kompetenzen ggf. schriftlich sichern

Kenntnisse

Die Schüler kennen die Form zur Verteidigung einer 1-gegen-1-Situation „Den zur Spielrichtung ausgerichteten Gegenspieler angreifen“ sowie die Eckpunkte des Taktikleitbilds.

Taktische Fähigkeiten und technische Fertigkeiten

Die Schüler können einen zur Spielrichtung ausgerichteten Gegenspieler angreifen.

ernaufgabe:
Wie?

Den mit dem Rücken zur Spielrichtung ausgerichteten Gegenspieler angreifen können

Schritt 1

Bewegungsproblem erleben und entdecken

- Organisation und Ablauf erklären
- Spielübung beobachten

- Lernaufgabe lesen
- Spielübung absolvieren

pielübung

Aufbau in einem Hallendrittel (15 x 27 m) einer Dreifachhalle (45 x 27 m)

rganisation

Innerhalb der 4 Spielfelder des Grundspiels sind mit Markierscheiben jeweils sanduhrförmige Spielfelder aufgebaut. Die beiden Grundlinien der neu gebildeten Spielfelder sind Dribblingtore. In der Mitte der Spielfelder befinden sich 2 Zonen. Auf jedem Spielfeld wird ein 1 gegen 1 gespielt. Der Verteidiger und der Angreifer stehen jeweils in der Zone, die sich in ihrer Spielfeldhälfte befindet. Die 2 weiteren Spieler jeder Mannschaft warten hinter ihrem Dribblingtor. Pro Feld wird 1 Futsal-Ball benötigt.

blauf

Die Spielübung beginnt mit einem Pass des Mitspielers in das Zentrum zum Angreifer. Der Verteidiger hat die Aufgabe, den Angreifer so zu verteidigen, dass er kein Tor erzielen kann. Er darf seine Zone erst mit dem Pass auf den Angreifer verlassen. Bei Foul oder unsportlichem Betragen des Verteidigers wird die Spielübung noch einmal neu gestartet. Die Aufgabe des Angreifers ist es, in Abhängigkeit von der Leistungsstärke des Verteidigers zu agieren. Er muss den zugespielten Ball mit dem Rücken zur Spielrichtung annehmen. Die Übung endet, wenn der Verteidiger den Ball gewinnt und sichern kann, der Ball in das Aus geht oder der Angreifer die Grundlinie des Tores überdribbelt hat.

Aufgabe vor der Übungsform Lernaufgabe

Denkt über folgende Frage nach:

1. Wie nah solltet ihr am Angreifer dran sein?
2. Wann ist die beste Gelegenheit, den Ball zu erobern?
3. Wie genau könnt ihr den Ball erobern?

Aufgabe während der Reflexionsphase

- Erklärt und demonstriert euren Mitspielern eure Lösungen für die drei Fragen.
- Diskutiert eure Lösungen für die drei Fragen.
- Denkt darüber nach, inwiefern ihr Fähigkeiten einsetzen könnt, die ihr bereits beim Angreifen gegen einen zur Spielrichtung ausgerichteten Gegenspieler erlernt habt.
- Tragt die Lösungen für die drei Fragen in die Tabelle ein.

Frage	Lösung
1	
2	
3	

Schritt 2

Bewegungserfahrungen reflektieren und Lösungen diskutieren

- Reflexionen und Diskussionen beobachten
- Ggf. zum Demonstrieren und Erklären anregen

- Den Mitspielern Lösungen erklären und demonstrieren
- Lösungen mit den Mitspielern diskutieren
- Zusammenhang mit bereits Erlerntem besprechen

Schritt 3
Lösungen ausprobieren

- Spielübung beobachten

- Spielübung absolvieren
- Lösungen ausprobieren

inweis

Die Spielübung wird nochmals durchgeführt.

Schritt 4
Lösungen zusammenführen, reflektieren und diskutieren

- Zum Demonstrieren und Erklären anregen
- Lösungsfindung ggf. durch Hinweise und Fragen unterstützen
- Zusammenhang mit bereits Erlerntem erfragen (vgl. Anforderungen)
- Schülerlösungen systematisieren

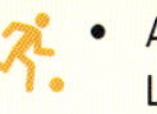

- Allen Mitschülern Lösungen erklären und demonstrieren
- Lösungen mit allen Mitschülern diskutieren
- Zusammenhang mit bereits Erlerntem diskutieren

echnikleitbild:
en mit dem
ücken zur
pielrichtung
usgerichteten
egenspieler
ngreifen

1 2 3 4 5

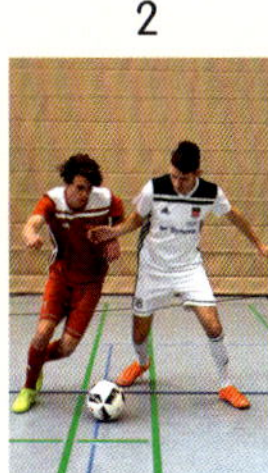

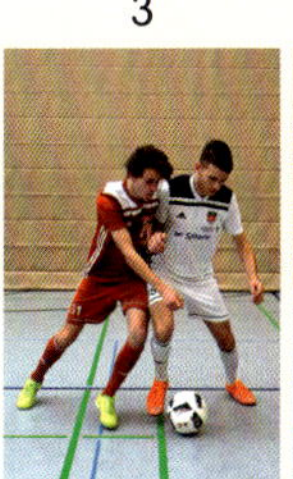

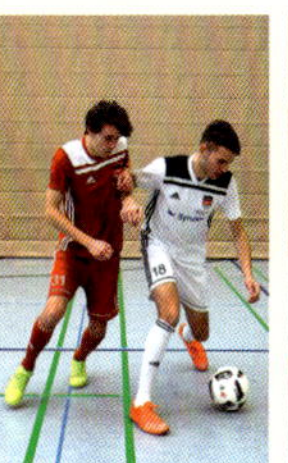

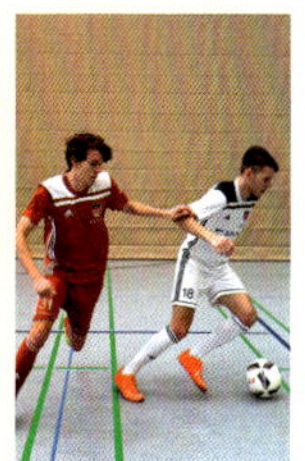

1 Schritt 1: Einen Abstand zum Gegenspieler von ca. einer halben Armlänge halten, dabei seitlich stellen.

2 – 5 Schritt 2: Sobald sich der Gegenspieler in Richtung Tor dreht und den Ball vorlegt, den Körper zwischen Gegenspieler und Ball schieben und den Ball erobern.

Schritt 5
Lösungen ausprobieren

- Spielübung beobachten

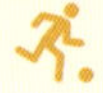

- Spielübung absolvieren
- Lösungen ausprobieren

Hinweis

Die Spielübung wird nochmals durchgeführt.

Schritt 6
Lösungen üben

- Organisation und Ablauf erklären
- Schüler korrigieren

- Spielübung absolvieren

Spielübung

Aufbau in einem Hallendrittel (15 x 27 m) einer Dreifachhalle (45 x 27 m)

Organisation

Der Aufbau des Grundspiels und der vorhergehenden Spielübung wird weiterhin genutzt. Die sanduhrförmigen Spielfelder erstrecken sich nun bis zu den Leitkegeln am Ende der Spielfelder des Grundspiels. Gespielt wird auf die Dribblingtore des Grundspiels. Auf jedem Spielfeld wird ein 1 gegen 1 gespielt. Der Verteidiger und der Angreifer stehen jeweils in der Zone, die sich in ihrer Spielfeldhälfte befindet. Die 2 weiteren Spieler jeder Mannschaft warten hinter ihrem Dribblingtor. Pro Feld wird 1 Futsal-Ball benötigt.

Ablauf

Die Spielübung beginnt mit einem Pass des Mitspielers zum Angreifer. Die Passrichtung darf frei gewählt werden. Der Verteidiger hat die Aufgabe, den Angreifer so zu verteidigen, dass er kein Tor erzielen kann. Er darf seine Zone erst mit dem Pass auf den Angreifer verlassen. Bei Foul oder unsportlichem Betragen des Verteidigers wird die Spielübung noch einmal neu gestartet. Die Aufgabe des Angreifers ist es, in Abhängigkeit von der Leistungsstärke des Verteidigers zu agieren. Er muss den zugespielten Ball mit dem Rücken zur Spielrichtung annehmen. Die Übung endet, wenn der Verteidiger den Ball gewinnt und sichern kann, der Ball in das Aus geht oder der Angreifer die Grundlinie des Tores überdribbelt hat.

Schritt 7
Erworbene Kompetenzen festhalten

- Erworbene Kenntnisse und taktische Fähigkeiten benennen und einordnen
- Zusammenhang mit bereits Erlerntem herausstellen (vgl. Anforderungen)

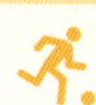

- Erworbene Kompetenzen ggf. schriftlich sichern

[K]enntnisse

Die Schüler kennen
- die Form zur Verteidigung einer 1-gegen-1-Situation „Den mit dem Rücken zur Spielrichtung ausgerichteten Gegenspieler angreifen“ sowie die Eckpunkte des Taktikleitbilds.
- den Zusammenhang des Schritts „Erobern des Balls“ in der Verteidigungsform „Den mit dem Rücken zur Spielrichtung ausgerichteten Gegenspieler angreifen“ mit der Verteidigungsform „Den zur Spielrichtung ausgerichteten Gegenspieler angreifen“

[Ta]ktische [F]ähigkeiten [u]nd technische [F]ertigkeiten

Die Schüler können einen mit dem Rücken zur Spielrichtung ausgerichteten Gegenspieler angreifen.

3.2 2 gegen 2 auf Passtore

Anforderungen, Kompetenzziele und deren Konkretisierung

Anforderungen			
Wann?	**Was?**	**Wie?**	
		Taktische Fähigkeiten	**Technische Fertigkeiten**
Individualtaktik Offensive			
Ich habe den Ball und …			
… mein Mitspieler/das Tor ist frei	Den Ball flach zum Mitspieler/in das Tor passen	—	STA: Innenseitstoß
… mein Mitspieler/das Tor ist nicht frei	Dribbeln	IT-DRF (GS1:1)	DRA (GS1:1)
Ich habe den Ball nicht und …			
… bin frei	Sich anbieten	IT-AUF: Anbieten	—
… bin nicht frei	Eine Lauffinte durchführen/sich freilaufen	IT-AUF: Lauffinte, Freilaufen	—
Ich werde …			
… flach angespielt	Den Ball an- und mitnehmen	—	AMA: Innenseite, Außenspann
	Den Ball direkt zurückpassen	—	STA: Innenseitstoß
Individualtaktik Defensive			
Mein Gegenspieler hat den Ball und …			
… ist zur Spielrichtung ausgerichtet	Den zur Spielrichtung ausgerichteten Gegenspieler angreifen	IT-V11 (GS1:1)	—
… ist mit dem Rücken zur Spielrichtung ausgerichtet	Den mit dem Rücken zur Spielrichtung ausgerichteten Gegenspieler angreifen	IT-V11 (GS1:1)	—
Mein Gegenspieler…			
… hat den Ball nicht	Den Gegenspieler decken	IT-V11: Decken	—

Individualtaktik Defensive			
Mein Gegenspieler wird angespielt und…			
… ist zur Spielrichtung ausgerichtet	Ein frontales 1 gegen 1 vorbereiten	IT-V11 (GS1:1)	—
… ist mit dem Rücken zur Spielrichtung ausgerichtet	Ein 1 gegen 1 im Rücken des Gegenspielers vorbereiten	IT-V11 (GS1:1)	—

Gruppentaktik Offensive			
Wir haben den Ball und greifen in …			
… Überzahl an	Zielgerichtet eine Torchance herausspielen	GT-ZUS: Herausspielen Torchance IT-DRF (GS1:1) IT-AUF (GS2:2)	DRA (GS1:1) FIN (GS1:1) STA (GS2:2) AMA (GS2:2)
… Gleichzahl an	Das Spiel systematisch aufbauen und eine Torchance herausspielen	GT-ZUS: Spielaufbau und Herausspielen Torchance IT-DRF (GS1:1) IT-AUF (GS2:2)	DRA (GS1:1) FIN (GS1.1) STA (GS2:2) AMA (GS2:2)
… Unterzahl an*	Den Ball sichern	GT-ZUS: Sicherung Ball IT-DRF (GS1:1) IT-AUF (GS2:2)	DRA (GS1:1) FIN (GS1:1) STA (GS2:2) AMA (GS2:2)

Gruppentaktik Defensive			
Wir haben den Ball nicht und verteidigen in…			
… Unterzahl*	Zurückweichen und einen Pass in Richtung des eigenen Tors/ einen Torabschluss verhindern	GT-VZUS: Zurückweichen und Verhinderung Pass/Torabschluss IT-V11 (GS1:1)	—
… Gleichzahl	Den Ballgewinn aus einer Tiefenstaffelung heraus systematisch vorbereiten	GT-VZUS: Vorbereiten Ballgewinn IT-V11 (GS1:1)	—
… Überzahl	Den Ball aus einer Tiefenstaffelung heraus schnell erobern	GT-VZUS: Balleroberung IT-V11 (GS1:1)	—

Kompetenzziele und deren Konkretisierung

Kompetenzziele

Die Schüler können im Spiel 2 gegen 2 situationsgerecht …

… das Anbieten, Freilaufen und Durchführen einer Lauffinte sowie eine Form zur Verteidigung eines freien Gegenspielers anwenden (Individualtaktik).

… drei Formen des Zusammenspiels und zur Verteidigung des Zusammenspiels in Über-, Gleich- und Unterzahl anwenden (Gruppentaktik).

… eine Stoßart zum flachen Passen und zwei Arten der An- und Mitnahme von flachen Zuspielen anwenden (Technik).

Kenntnisse

Die Schüler kennen …

Taktik

… die Formen des Anbietens und Freilaufens sowie die Eckpunkte der betreffenden Taktikleitbilder.

… die Form zur Verteidigung eines sich freilaufenden Gegenspielers und die Eckpunkte des Taktikleitbilds.

… die Formen des Zusammenspiels in einer Gruppe in Über-, Gleich- und Unterzahl sowie die Eckpunkte der betreffenden Taktikleitbilder.

… die Formen zur Verteidigung des Zusammenspiels in einer Gruppe in Unter-, Gleich- und Überzahl sowie die Eckpunkte der betreffenden Taktikleitbilder.

Technik

… den Innenseitstoß und die Eckpunkte des Technikleitbilds.

… die An- und Mitnahmearten von flachen Zuspielen sowie die Eckpunkte der betreffenden Taktikleitbilder.

Taktische Fähigkeiten und technische Fertigkeiten

Die Schüler können …

Offensive

… den Ball flach zum Mitspieler/in das Tor passen, flache Zuspiele an- und mitnehmen und sich anbieten und freilaufen.

… in Überzahl zielgerichtet eine Torchance herausspielen, in Gleichzahl das Spiel systematisch aufbauen und eine Torchance herausspielen sowie in Unterzahl den Ball sichern.

Defensive

… einen freien Mitspieler decken.

… in Unterzahl zurückweichen und einen Pass in Richtung des eigenen Tors/Torabschluss verhindern, in Gleichzahl den Ballgewinn aus einer Tiefenstaffelung heraus systematisch vorbereiten und in Überzahl den Ball aus einer Tiefenstaffelung heraus schnell erobern.

Bereitschaften

Die Schüler sind bereit …
… sich die benötigten individual-, gruppentaktik- und technikbezogenen Kenntnisse anzueignen und die Kenntnisse im Spiel einzusetzen.
… die benötigten individual- und gruppentaktischen Fähigkeiten sowie die technischen Fertigkeiten zu erlernen, zu üben und im Spiel anzuwenden.

Kompetenzerwerb gestalten

Schritt 1
Grundspiel spielen

- Spielregeln, Organisation und Ablauf erklären
- Grundspiel beobachten

- Grundspiel spielen

Grundspiel: Was? Wann?

Aufbau in einem Hallendrittel (15 x 27 m) einer Dreifachhalle (45 x 27 m)

Spielfeld und Ball

Steht in einer Dreifeldhalle mit dem Standardmaß 27 x 45 Metern 1 Hallendrittel zur Verfügung (ca. 15 x 27 Meter), sollten bei Anfängern maximal 3 Spielfelder mit einer Breite von 9 Metern aufgebaut werden. Die Feldlänge sollte bei 15 Metern liegen. Abgegrenzt werden können die Spielfelder durch Leitkegel. Hierbei sollte darauf geachtet werden, dass es sich um schwere Leitkegel handelt, die durch eine

Ballberührung nicht umfallen bzw. weggeschoben werden. Alternativ können die Spielfelder durch Langbänke abgegrenzt werden. Mit Blick auf eine Verletzungsgefahr durch die Langbänke ist abzuwägen, inwiefern diese größer/kleiner ist, wenn nicht mit Langbänken gespielt wird und dafür Bälle mit einer größeren Wahrscheinlichkeit in andere Felder rollen können. Gespielt wird mit einem Futsal-Ball und mit Passtoren, die mit Pylonen gebildet werden (Torgröße: 5 Meter). Alternativ können die Passtore bspw. mit den Ober- oder Zwischenteilen eines Sprungkastens oder Langbänken gebildet werden. Die Torgröße sollte so gewählt werden, dass (möglichst) jeder Schüler ein Tor erzielen kann. Jedes Feld erhält eine eigene Bezeichnung: Kreisliga, Bundesliga, Champions League. An der jeweils äußeren Seitenlinie des Kreisliga- und Champions-League-Feldes sowie auf allen Feldern an der Grundlinie neben den Passtoren gibt es kein Aus. Hier wird mit Bande gespielt.

Spieler

Auf jedem der 3 Felder wird ein 2 gegen 2 gespielt. Die Spieler sind jeweils ausschließlich Feldspieler, sie dürfen den Ball folglich bspw. nicht mit der Hand berühren. Bei z. B. 24 Schülern (und 3 Feldern) können sechs Mannschaften à 4 Spieler (2 Auswechselspieler pro Mannschaft) gebildet werden. Die Auswechselspieler postieren sich jeweils zwischen den Feldern. Sie werden jeweils gleichzeitig eingewechselt. Die gewinnenden Mannschaften aus dem Kreisliga- und Bundesliga-Feld steigen ein Feld auf, die siegreiche Mannschaft aus dem Champions-League-Feld darf auf diesem verbleiben. Die verlierende Mannschaft aus dem Kreisliga-Feld muss in diesem verbleiben. Die Verlierermannschaften aus dem Bundesliga- und Champions-League-Feld steigen ein Feld ab. Die Ein- und Auswechslungen erfolgen im 2-Minuten-Takt.

Beginn und Dauer des Spiels

Das Spiel beginnt mit dem Anpfiff. Der Ball wird vom Schiedsrichter ins Spiel gebracht. Die Spielzeit beträgt 4 Minuten. Der Abpfiff eines Spiels ist zugleich der Anpfiff des nächsten Spiels.

Spielunterbrechung und -fortsetzung

Überschreitet der Ball die Seitenlinie zwischen den Feldern mit vollem Umfang, wird das Spiel an der entsprechenden Stelle durch Eindribbeln oder Einpassen fortgesetzt. Ein Tor kann nur erzielt werden, wenn sich der Ball im Moment des Passes in der gegnerischen Feldhälfte befindet. Ein Tor ist dann erzielt, wenn der Ball die Grundlinie des gegnerischen Tores flach überschreitet und an die unmittelbar angrenzende Hallenwand/-abtrennung prallt. Nach einem Tor erhält die gegnerische Mannschaft den Ball und setzt das Spiel an ihrem Tor fort. Bei Foul oder unsportlichem Betragen erhält der gegnerische Spieler den Ball und setzt das Spiel am Ort des Vergehens mit einem Dribbling oder einem Pass zum Mitspieler fort.

Schritt 2
Lernprozess zur Frage „Was?" anregen

- Lernfrage „Was?" zur Offensive bzw. Defensive stellen

Schritt 3
Lösungen zur Frage „Was?" zusammenführen, reflektieren und diskutieren

- Zum Demonstrieren und Erklären anregen
- Lösungsfindung ggf. durch Hinweise und Fragen unterstützen
- Schülerlösungen systematisieren (vgl. Anforderungen)

- Allen Mitschülern Lösungen erklären und demonstrieren
- Lösungen mit allen Mitschülern diskutieren

Schritt 4
Lernprozess zur Frage „Wann?" anregen

- Lernfrage „Wann?" zur Offensive bzw. Defensive stellen

Schritt 5
Grundspiel spielen, reflektieren und diskutieren

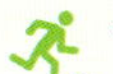

- Organisation und Ablauf erklären
- Schüler in den Pausen zur Reflexion und Diskussion über die Frage „Wann?" anregen

- Grundspiel spielen
- Den Mitspielern Lösungen erklären
- Lösungen mit den Mitspielern diskutieren

inweis

Organisiert werden kann die zweite Spielrunde bspw. als Wechsel zwischen 4-minütigen Spielen und 2-minütigen Pausen. Eingeplant werden sollten mindestens 3 Spiel- sowie 2 Pausenphasen.

Schritt 6
Lösungen zur Frage „Wann?" zusammenführen, reflektieren und diskutieren

- Zum Demonstrieren und Erklären anregen
- Lösungsfindung ggf. durch Hinweise und Fragen unterstützen
- Schülerlösungen systematisieren (vgl. Anforderungen)

- Allen Mitschülern Lösungen erklären und demonstrieren
- Lösungen mit allen Mitschülern diskutieren

Schritt 7
Kompetenzziele benennen

- Kompetenzziele für die Folgestunden benennen (vgl. Kompetenzziele)

Den Ball flach zum Mitspieler / in das Tor passen können

Lernaufgabe:
Wie?

Schritt 1
Bewegungsproblem erleben und entdecken

- Organisation und Ablauf erklären
- Übungsform beobachten

- Lernaufgabe lesen
- Übungsform absolvieren

Übungsformen (Stationsbetrieb)

Station 1

Spiele den Ball so, dass er flach über die Bodenturnbahn rollt und im Reifen liegen bleibt!

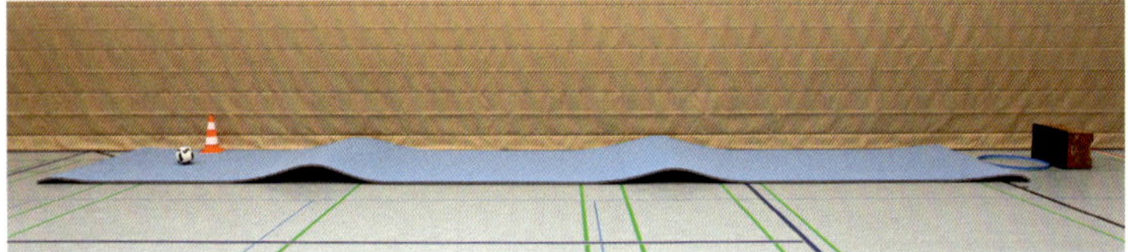

Station 2

Spiele den Ball so, dass er von den Stangen auf das Trampolin springt und im Anschluss in das Tor rollt!

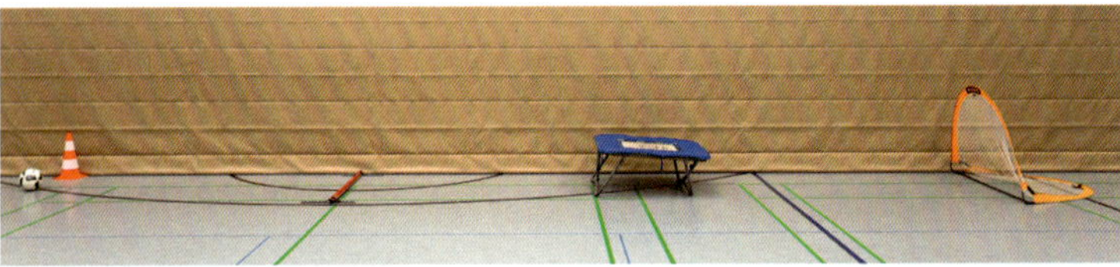

Station 3

Spiele den Ball so, dass er über die Turnmatten rollt und im Reifen liegen bleibt!

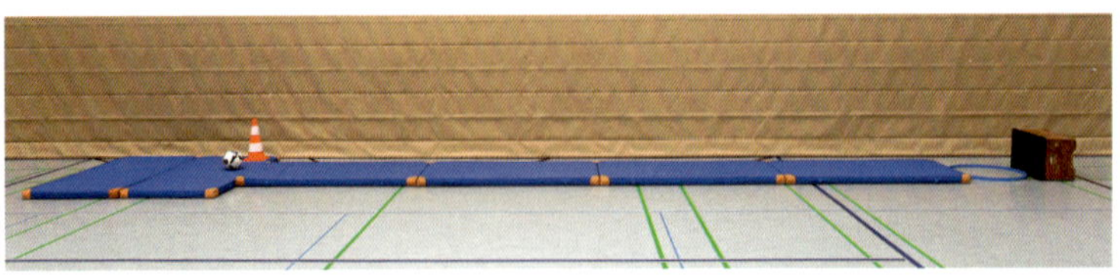

bungsformen Stationsbetrieb)

Station 4

Spiele den Ball so, dass er zunächst gegen die erste, dann gegen die zweite Langbank prallt und schließlich in das Tor rollt!

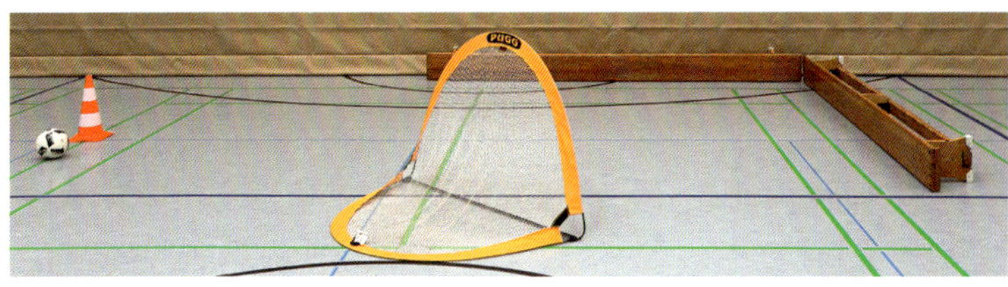

Station 5

Stelle dich auf die Kastenoberteile und spiele den Ball so, dass er flach über die Langbänke rollt, im Reifen aufspringt und in das Tor rollt!

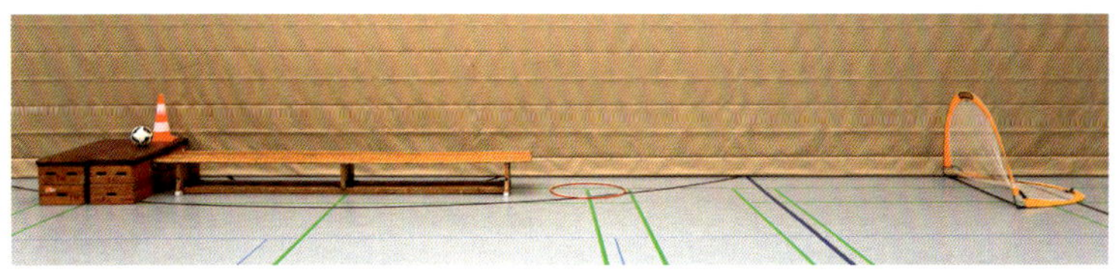

Station 6

Stelle dich auf die Kastenoberteile und spiele den Ball so, dass er in allen drei Reifen aufspringt und anschließend in das Tor rollt!

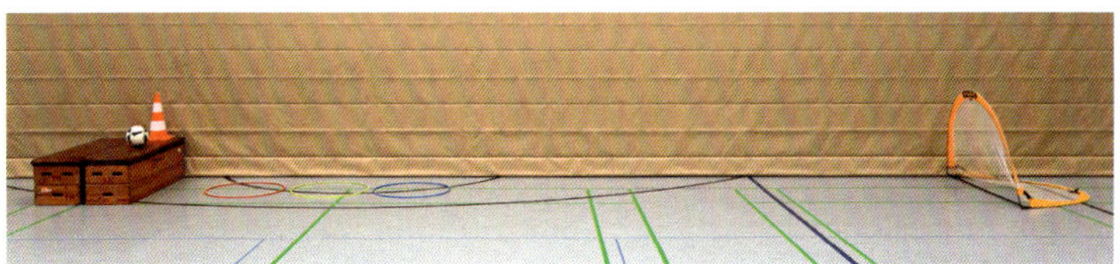

rganisation

An jeder Station befinden sich jeweils 3 Spieler und 3 Fuß- bzw. Futsal-Bälle. Die Übungszeit beträgt 3, die Reflexionszeit 2 Minuten. Die Bälle verbleiben an der Station.

blauf

Die Spieler verbringen die Übungs- und Reflexionsphasen an einer Station, erst dann erfolgt der Wechsel (aufsteigend von 1 nach 6).

Lernaufgabe

Übergreifend geht es während dieser Lernaufgabe um folgende Frage: Wie könnt ihr den Ball spielen, damit ihr die Stationsaufgaben lösen könnt?

Aufgabe während der Übungsformen

Denkt pro Station über zwei Fragen nach:

Station 1 und 2
- Wie laufe ich zum Ball?
- Wo steht das Standbein und wohin zeigt die Fußspitze?

Station 3 und 4
- Wie halte bzw. wie bewege ich das Spielbein?
- Mit welchem Fußteil spiele ich den Ball?

Station 5 und 6
- Wo treffe ich den Ball?
- Wie ist meine Oberkörperhaltung?

Aufgabe während der Reflexionsphasen

- Erklärt und demonstriert euren Stationspartnern die Lösungen für die beiden Fragen.
- Diskutiert, welche Eckpunkte bezogen auf die beiden Fragen besonders wichtig sind.
- Tragt die Eckpunkte in die Tabelle ein.

	Eckpunkt
Anlauf	
Standbein	
Spielbein	
Trefffläche Fuß	
Trefffläche Ball	
Oberkörper	

Schritt 2
Bewegungserfahrungen reflektieren und Lösungen diskutieren

- Reflexionen und Diskussionen beobachten
- Ggf. zum Demonstrieren und Erklären anregen

- Den Mitspielern Lösungen erklären und demonstrieren
- Lösungen mit den Mitspielern diskutieren

Schritt 3
Lösungen ausprobieren

- Übungsform beobachten

- Übungsform absolvieren
- Lösungen ausprobieren

Schritt 4
Lösungen zusammenführen, reflektieren und diskutieren

- Zum Demonstrieren und Erklären anregen
- Lösungsfindung ggf. durch Hinweise und Fragen unterstützen
- Schülerlösungen systematisieren

- Allen Mitschülern Lösungen erklären und demonstrieren
- Lösungen mit allen Mitschülern diskutieren

echnikleitbild – nnenseitstoß

1 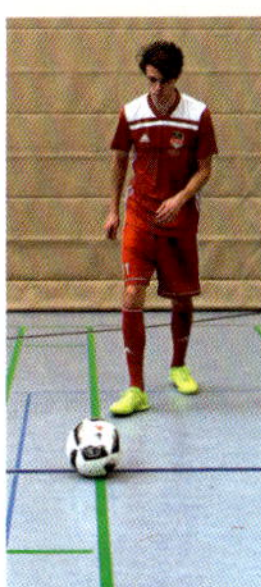

2 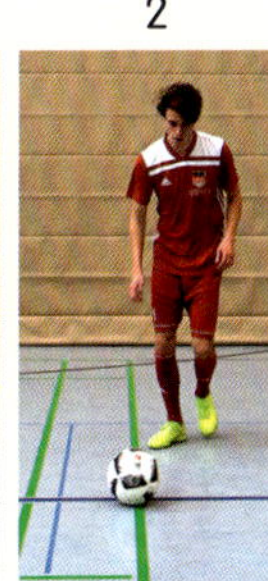

3 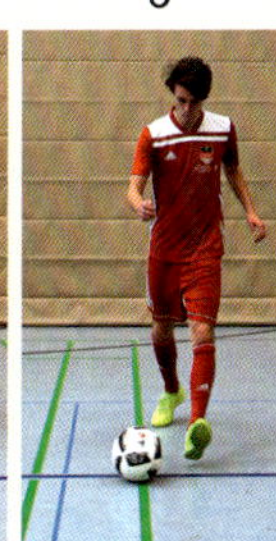

4 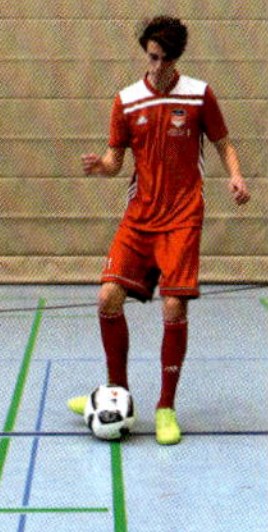

5 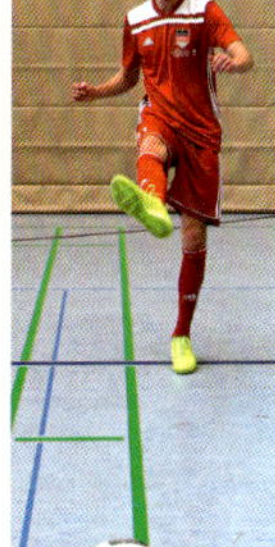

1 – 2 Schritt 1: Gerade oder leicht schräg anlaufen.

3 Schritt 2: Das Standbein ca. eine Fußbreite neben dem Ball aufsetzen, die Fußspitze zeigt in Spielrichtung.

4 Schritt 3: Die Fußspitze des Spielbeins nach außen drehen und anziehen. Den Ball möglichst mittig mit der Innenseite treffen. Den Oberkörper leicht über den Ball beugen.

5 Schritt 4: Das Spielbein dem gespielten Ball nachschwingen.

Schritt 5
Lösungen ausprobieren

- Übungsform beobachten

- Übungsform absolvieren
- Lösungen ausprobieren

Hinweis

Der Stationsbetrieb wird nochmals durchgeführt. Während der Übungsphasen sollten die Schüler wiederum insbesondere auf die beiden betreffenden Fragen bzw. deren Umsetzung achten (vgl. Lernaufgabe).

Schritt 6
Lösungen üben

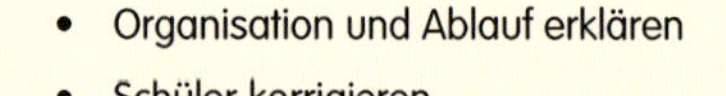

- Organisation und Ablauf erklären
- Schüler korrigieren

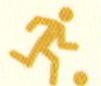

- Übungsform absolvieren

Übungsformen

Aufbau in einem Hallendrittel (15 x 27 m) einer Dreifachhalle (45 x 27 m)

Organisation

Der Aufbau des Grundspiels wird weiterhin genutzt. Aufgebaut sind 3 Übungsformen. Je 2 Mannschaften, auf deren Spielfeld sich die Übungsform befindet, besetzen diese. Jede Übung wird 4 Minuten durchgeführt. Danach wechseln jeweils beide Mannschaften die Felder.

Übungsform Feld „Kreisliga“

Je 2 Spieler pro Mannschaft stehen an den unteren und oberen Markiertellern. Pro Seite wird 1 Futsal-Ball benötigt. Nach 2 Minuten tauschen die beiden Mannschaften die Seiten.

Übungsform Feld „Bundesliga“

Je 2 Spieler pro Mannschaft stehen an den unteren und oberen Markiertellern. Pro Seite wird 1 Futsal-Ball benötigt.

Übungsform Feld „Champions League“

Je 2 Spieler pro Mannschaft stehen an den unteren und oberen Markiertellern. Es wird 1 Futsal-Ball benötigt.

Ablauf

Übungsform Feld „Kreisliga“

Spieler A passt den Ball zu Spieler B und läuft im Anschluss in Richtung Tor. Spieler B passt den Ball direkt oder nach einer Ballannahme wieder zu Spieler A. Spieler A passt den Ball in das Tor. Spieler A wird im Anschluss zum vorderen Spieler, Spieler B stellt sich hinter Spieler C an. Die Übung beginnt im Wechsel links bzw. rechts.

Übungsform Feld „Bundesliga“

Spieler A passt den Ball zu Spieler B und läuft dem gespielten Ball hinterher, Spieler B passt den Ball direkt oder nach einer Annahme zu Spieler C und läuft dem gespielten Ball hinterher usw. Gleicher Ablauf gilt für die Spieler der anderen Mannschaft

Übungsform Feld „Champions League“

Spieler A passt den Ball zu Spieler B und läuft dem gespielten Ball hinterher, Spieler B passt den Ball direkt oder nach einer Annahme zu Spieler C und läuft dem gespielten Ball hinterher usw.

Variation

Übungsform Feld „Bundesliga“

1) Spieler A passt diagonal und läuft dem gespielten Ball hinterher, 2) Spieler A passt gerade, läuft jedoch diagonal, 3) Spieler A passt diagonal, läuft jedoch gerade.

Übungsform Feld „Champions League“

1) Spieler A passt Spieler B in den Lauf, 2) Spieler B läuft Spieler A entgegen, spielt den ihm zugespielten Ball wieder zu Spieler A zurück, der Spieler B im Anschluss in den Lauf passt, nachdem er seinen Markierteller passiert hat.

Schritt 7
Erworbene Kompetenzen festhalten

- Erworbene Kenntnisse und taktische Fähigkeiten benennen und einordnen

- Erworbene Kompetenzen ggf. schriftlich sichern

Kenntnisse

Die Schüler kennen die Stoßart „Innenseitstoß“ sowie die Eckpunkte des Technikleitbilds.

Taktische Fähigkeiten und technische Fertigkeiten

Die Schüler können den Ball flach zum Mitspieler/in das Tor passen.

Lernaufgabe:
Wie?

Sich anbieten und freilaufen können

Schritt 1
Bewegungsproblem erleben und entdecken

- Organisation und Ablauf erklären
- Spielübung beobachten

- Lernaufgabe lesen
- Spielübung absolvieren

Spielübung

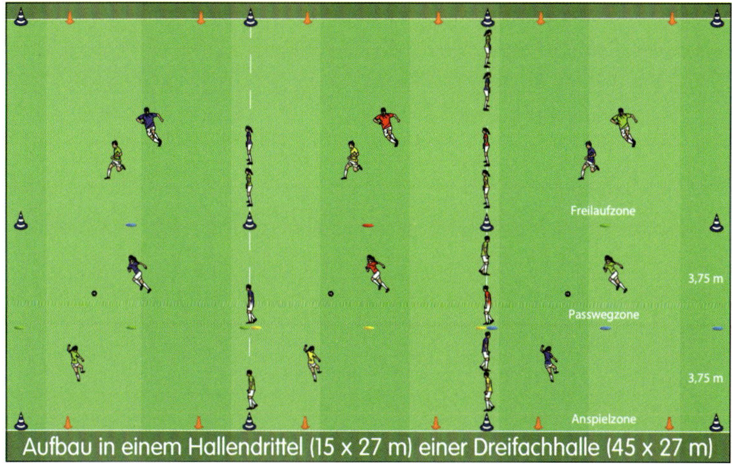

Aufbau in einem Hallendrittel (15 x 27 m) einer Dreifachhalle (45 x 27 m)

Organisation

Der Aufbau des Grundspiels wird weiterhin genutzt. Innerhalb der 3 Spielfelder ist mit Markierscheiben jeweils eine Anspiel-, Passweg- und Freilaufzone aufgebaut. Die Passwegzone ist in der Mitte nochmals geteilt. Die 2 Spieler der angreifenden Mannschaft befinden sich in der Anspiel- und Freilaufzone, die 2 Spieler der verteidigenden Mannschaft in der Passweg- und Freilaufzone. Der Angreifer in der Anspielzone steht zu Beginn mit einem Futsal-Ball an der Grundlinie seines Tores. Der weitere Spieler jeder Mannschaft wartet an den seitlichen Begrenzungslinien des Grundspiels.

Ablauf

Die Spielübung beginnt mit einem Dribbling des Angreifers. Er hat die Aufgabe, den Ball aus der Anspielzone heraus zu seinem Mitspieler zu passen. Der Verteidiger darf entweder die linke oder rechte Zonenseite besetzen, er startet jeweils in der Mitte. Nach dem Pass dürfen beide in die Freilaufzone nachrücken. Die Aufgabe des Angreifers ohne Ball ist es, sich anzubieten und freizulaufen. Der Verteidiger soll das Freilaufen in Abhängigkeit von der Leistungsstärke des Angreifers erschweren. Beide dürfen nur in der Freilaufzone agieren. Die Übung endet, wenn ein Verteidiger den Ball gewinnt und zu seinem Mitspieler passen kann, der Ball in das Aus geht oder der Angreifer ein Tor erzielt.

Lernaufgabe

Aufgabe während der Spielübung

Denkt über folgende Fragen nach:

- Wann seid ihr frei, also anspielbar?
- Wie könnt ihr euch anbieten, wenn ihr frei seid?
- In welche Richtungen könnt ihr euch freilaufen?

Aufgabe während der Reflexionsphasen

- Erklärt und demonstriert euren Mitspielern eure Lösungen für die drei Fragen.
- Diskutiert eure Lösungen für die drei Fragen.
- Schraffiert in den drei Spielfeldern die Zonen, in denen ihr in diesem Moment anspielbar seid (Frage 1).
- Tragt die Lösungen für die Fragen 2 und 3 in die weißen Kästen ein.

Wann bin ich frei?

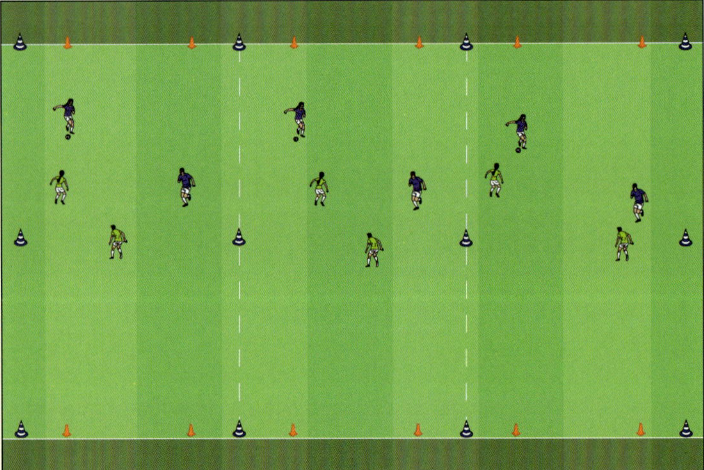

Wie kann ich mich anbieten, wenn ich frei bin?

In welche Richtungen kann ich mich freilaufen?

Schritt 2
Bewegungserfahrungen reflektieren und Lösungen diskutieren

- Reflexionen und Diskussionen beobachten
- Ggf. zum Demonstrieren und Erklären anregen

- Den Mitspielern Lösungen erklären und demonstrieren
- Lösungen mit den Mitspielern diskutieren

Schritt 3
Lösungen ausprobieren

- Spielübung beobachten

- Spielübung absolvieren
- Lösungen ausprobieren

Hinweis Die Spielübung wird nochmals durchgeführt.

Schritt 4
Lösungen zusammenführen, reflektieren und diskutieren

- Zum Demonstrieren und Erklären anregen
- Lösungsfindung ggf. durch Hinweise und Fragen unterstützen
- Schülerlösungen systematisieren

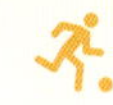

- Allen Mitschülern Lösungen erklären und demonstrieren
- Lösungen mit allen Mitschülern diskutieren

Taktikleitbild: Sich anbieten

Visuell Ein Handzeichen geben.

Akustisch Den eigenen Ort im Verhältnis zum Mitspieler rufen.

Ziel

Deckungsschatten Deckungsschatten

Freilaufen nach hinten

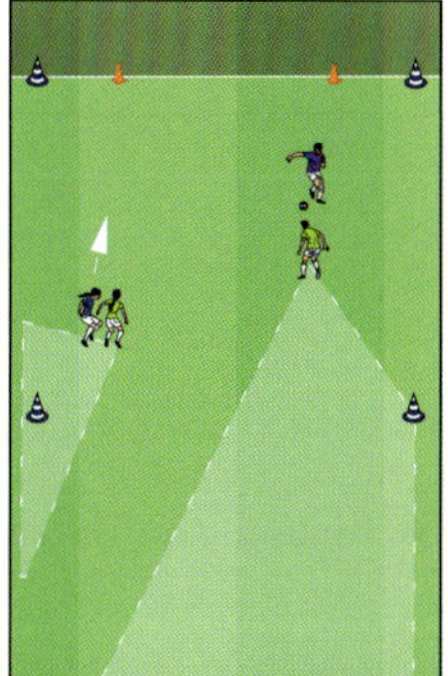

Freilaufen nach vorne

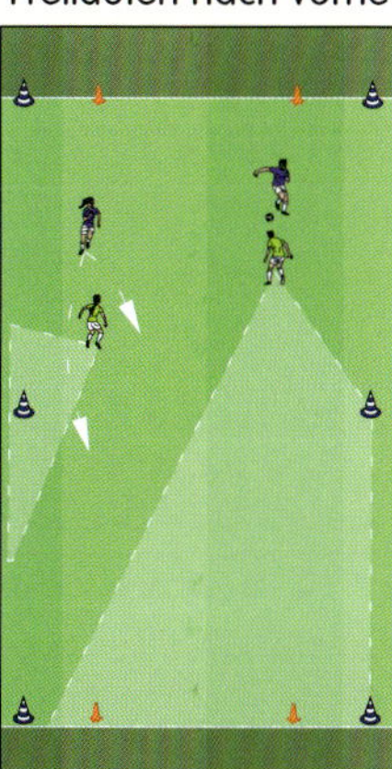

Ziel: Den Ball sehen: raus aus dem Deckungsschatten!

Freilaufen nach hinten: In Richtung eigenes Tor laufen.

Freilaufen nach vorne: Dem Gegenspieler im Rücken weglaufen (A) oder den Laufweg des Gegenspielers zum Ball schneiden (B).

Technikleitbild: Lauffinte durchführen

1

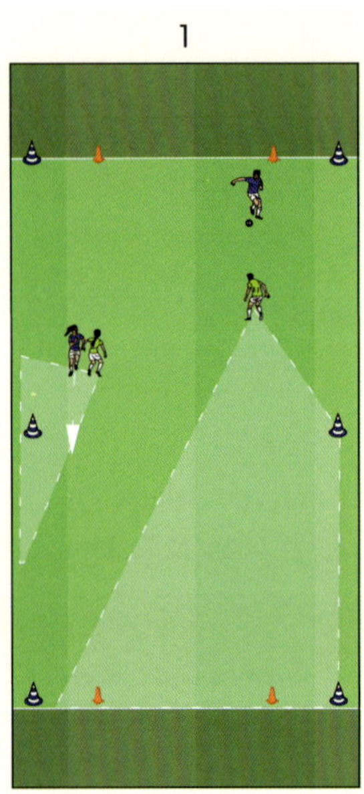

2

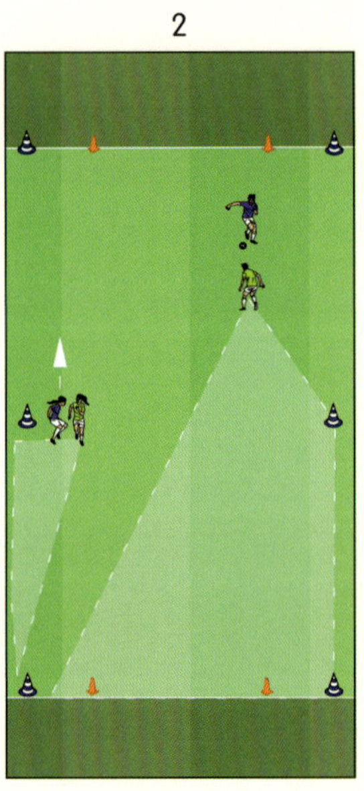

Ziel: Den Gegner aus jenem Raum locken, in dem man angespielt werden möchte.

1 Schritt 1: Explosiv aus jenem Raum laufen, in dem man angespielt werden möchte.

2 Schritt 2: Einen schnellen Richtungswechsel durchführen und explosiv in den nun freien Raum starten und sich anbieten.

Schritt 5

Lösungen ausprobieren

- Spielübung beobachten

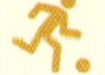

- Spielübung absolvieren
- Lösungen ausprobieren

Hinweis

Die Spielübung wird nochmals durchgeführt.

Schritt 6
Lösungen üben

- Organisation und Ablauf erklären
- Schüler korrigieren

- Spielübung absolvieren

Hinweis Das Anbieten und Freilaufen wird im Grundspiel geübt.

Schritt 7
Erworbene Kompetenzen festhalten

- Erworbene Kenntnisse und taktische Fähigkeiten benennen und einordnen

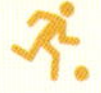

- Erworbene Kompetenzen ggf. schriftlich sichern

Kenntnisse Die Schüler kennen die Formen des Anbietens und Freilaufens sowie die Eckpunkte der betreffenden Taktikleitbilder.

Taktische Fähigkeiten und technische Fertigkeiten Die Schüler können sich anbieten und freilaufen.

Ein flaches Zuspiel an- und mitnehmen können

Lernaufgabe: **Wie?**

Schritt 1
Bewegungsproblem erleben und entdecken

- Organisation und Ablauf erklären
- Übungsform beobachten

- Lernaufgabe lesen
- Übungsform absolvieren

Übungsform

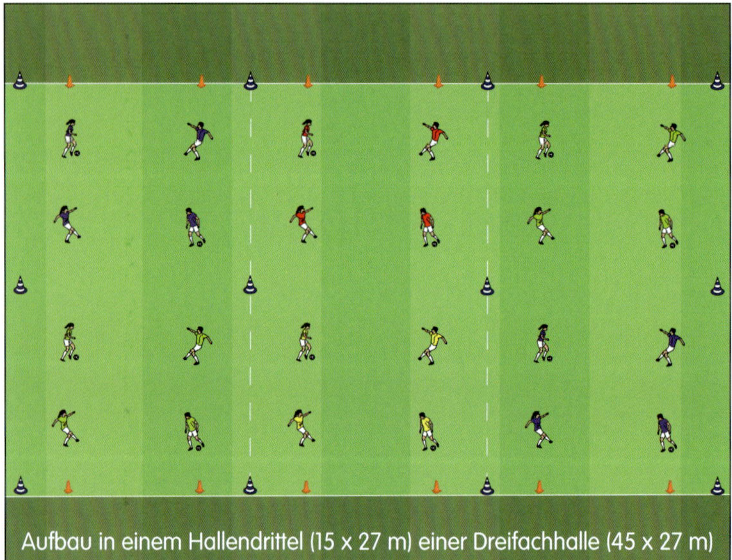

Aufbau in einem Hallendrittel (15 x 27 m) einer Dreifachhalle (45 x 27 m)

Organisation

Der Aufbau des Grundspiels wird weiterhin genutzt. Als Übungsfelder dienen die 6 Spielfeldhälften. Die 4 Spieler einer Mannschaft besetzen jeweils ihre Spielfeldhälfte. Pro Mannschaft werden 2 Futsal-Bälle benötigt.

Ablauf

Zu Beginn passen sich jeweils 2 Spieler einen Ball zu bzw. nehmen den zugespielten Ball an und mit. Nach ca. 2 Minuten schaut sich 1 Spieler das Video noch einmal an. Seine Aufgabe ist es, die Bewegungsausführung seiner Mitspieler mit der im Video zu vergleichen und seinen Mitspielern Hinweise zu geben, was sie anders machen sollten. Nun passen sich die verbleibenden 3 Spieler einen Ball zu. Nach ca. 1,5 Minuten wechselt die Aufgabe. Jeder Spieler sollte mindestens dreimal beobachtet werden und Hinweise von seinen Mitspielern bekommen.

Lernaufgabe

Aufgabe vor der Übungsform

- Scannt den QR-Code mit eurem Handy ein.
- Schaut euch das Video mehrmals an, gezeigt werden 2 unterschiedliche Arten der An- und Mitnahme von flachen Zuspielen.
- Achtet dabei auf folgende Fragen:
  1. Wo steht das Standbein?
  2. Wohin zeigt die Fußspitze des Spielbeins?
  3. Mit welchem Fußteil wird der Ball an- bzw. mitgenommen?
  4. An welcher Stelle wird der Ball getroffen?
  5. Wie ist die Haltung des Oberkörpers?

Aufgabe während der Übungsform

- Versucht, die beiden unterschiedlichen Arten der An- und Mitnahme nachzumachen.
- Im Wechsel schaut einer von euch das Video an:
  a) Vergleiche die Bewegungsausführung deiner Mitspieler mit der im Video.
  b) Gib deinen Mitspielern Hinweise, was sie anders machen sollten.

Aufgabe während der Reflexionsphase

- Diskutiert, welche Eckpunkte der Bewegung wichtig sind, um die Arten der An- und Mitnahme richtig ausführen zu können.
- Demonstriert euch hierfür gegenseitig in Zeitlupe die Bewegungsausführung.
- Tragt die Eckpunkte in die Tabelle ein.

	An- und Mitnahmeart 1	An- und Mitnahmeart 2
Standbein		
Spielbein		
Trefffläche Fuß		
Trefffläche Ball		
Oberkörper		

Schritt 2
Bewegungserfahrungen reflektieren und Lösungen diskutieren

- Reflexionen und Diskussionen beobachten
- Ggf. zum Demonstrieren und Erklären anregen

- Den Mitspielern Lösungen erklären und demonstrieren
- Lösungen mit den Mitspielern diskutieren

Schritt 3
Lösungen ausprobieren

- Übungsform beobachten

- Übungsform absolvieren
- Lösungen ausprobieren

Übungsform

Aufbau in einem Hallendrittel (15 x 27 m) einer Dreifachhalle (45 x 27 m)

Organisation

Der Aufbau des Grundspiels wird weiterhin genutzt. Innerhalb der 3 Spielfelder sind jeweils 4 Markierteller aufgebaut. Je 2 Spieler verteilen sich auf die Markierteller. Der 1. Spieler am obersten Markierteller erhält einen Ball.

Ablauf

Die Übungsform beginnt mit einem Pass zum Spieler am nächsten Markierteller. Dieser Spieler hat die Aufgabe, den Ball um den Markierteller herum an- und mitzunehmen und zum nächsten Spieler zu passen usw. Der Spieler am letzten Markierteller nimmt den Ball um diesen herum an und mit und dribbelt im Anschluss zum obersten Markierteller. Sobald der Ball zum 3. Spieler gepasst wurde, spielt der nächste Spieler am obersten Markierteller seinen ersten Pass.

Schritt 4
Lösungen zusammenführen, reflektieren und diskutieren

- Zum Demonstrieren und Erklären anregen
- Lösungsfindung ggf. durch Hinweise und Fragen unterstützen
- Schülerlösungen systematisieren

- Allen Mitschülern Lösungen erklären und demonstrieren
- Lösungen mit allen Mitschülern diskutieren

Technikleitbild: An- und Mitnahme mit der Innenseite

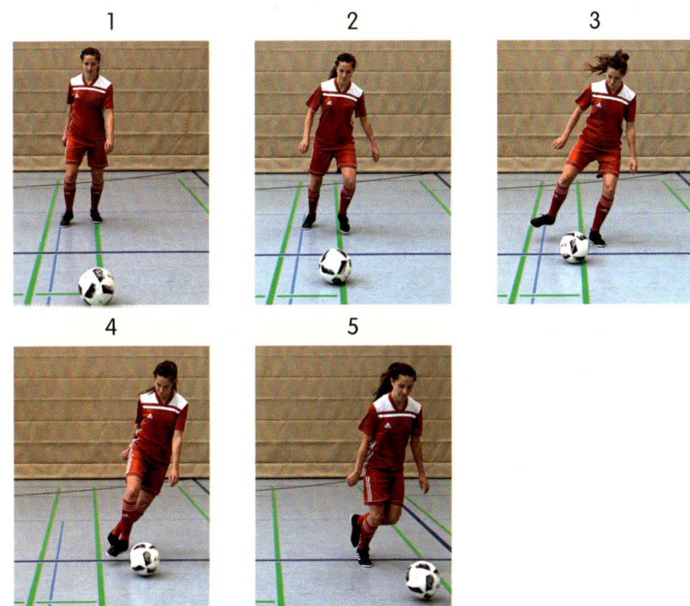

1 – 2 Schritt 1: Dem zugespielten Ball entgegenlaufen.

3 Schritt 2: Das Standbein leicht versetzt hinter dem Ball aufsetzen, die Fußspitze zeigt zur Mitnahmerichtung. Die Fußspitze des Spielbeins nach außen drehen und anziehen.

4 – 5 Schritt 3: Den Ball möglichst mittig mit der Innenseite treffen und dem mitgenommenen Ball nachstarten. Den Oberkörper leicht über den Ball beugen.

Hinweise:
Bei schwachem Zuspiel den Ball leicht in die neue Spielrichtung drücken.
Bei starkem Zuspiel mit dem ersten Kontakt leicht nachgeben.
Bei einer Ballmitnahme nach hinten zeigt die Schulter des Spielbeins in die Mitnahmerichtung.

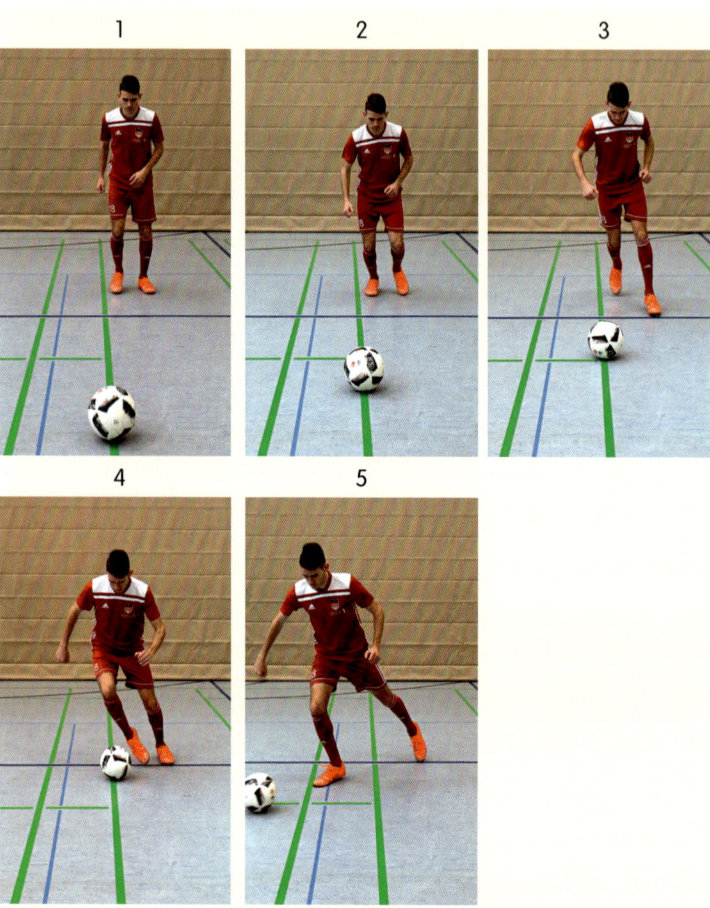

Technikleitbild: An- und Mitnahme mit dem Außenspann

1 – 3	Schritt 1: Dem zugespielten Ball entgegenlaufen.
4	Schritt 2: Das Standbein leicht versetzt hinter dem Ball aufsetzen, die Fußspitze zeigt in Richtung des Zuspielers. Die Fußspitze des Spielbeins nach innen unten strecken.
5	Schritt 3: Den Ball möglichst mit dem Außenspann treffen und dem mitgenommenen Ball nachstarten. Den Oberkörper leicht über den Ball beugen.

Hinweise
Bei schwachem Zuspiel den Ball leicht in die neue Spielrichtung drücken.
Bei starkem Zuspiel mit dem ersten Kontakt leicht nachgeben.
Bei einer Ballmitnahme nach hinten zeigt die Schulter des Spielbeins in die Mitnahmerichtung.

Schritt 5
Lösungen ausprobieren

- Übungsform beobachten

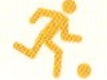

- Übungsform absolvieren
- Lösungen ausprobieren

Hinweis

Die Übungsform wird nochmals durchgeführt.

Schritt 6
Lösungen üben

- Organisation und Ablauf erklären
- Schüler korrigieren

- Spielübung absolvieren

Übungsform

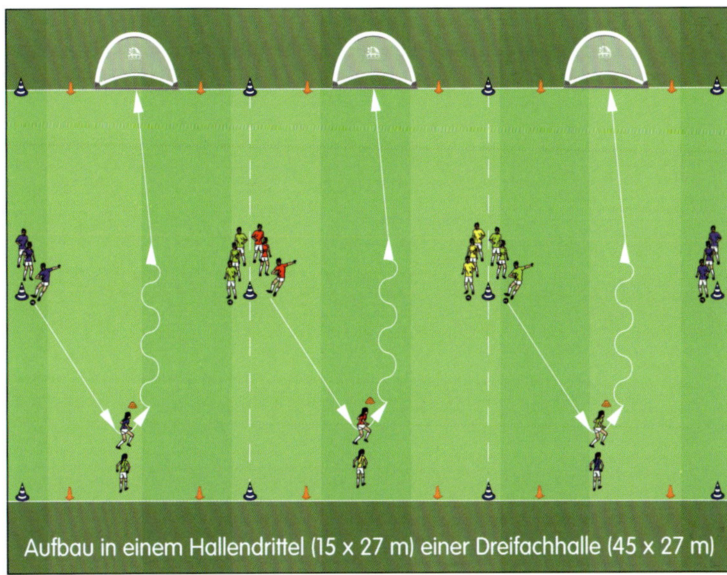

Aufbau in einem Hallendrittel (15 x 27 m) einer Dreifachhalle (45 x 27 m)

Organisation

Der Aufbau des Grundspiels wird weiterhin genutzt. Innerhalb der 3 Spielfelder ist jeweils 1 Markierteller aufgebaut. An einem Feldende stehen Minitore. Die beiden Mannschaften verbleiben auf ihren Spielfeldern. Je 2 Spieler stehen am Markierteller im Spielfeld sowie 3 an den beiden Leitkegeln, die die Mittellinie bilden. Pro Spielfeld werden 2 Futsal-Bälle benötigt.

Ablauf

Die Übungsform beginnt mit einem Pass zu einem der Spieler am Markierteller im Feld. Dieser Spieler hat die Aufgabe, den Ball um den Markierteller herum an- und mitzunehmen, in Richtung Tor zu dribbeln und kurz nach der Mittelinie in das Minitor passen. Im Anschluss stellt er sich mit seinem Ball an den Leitkegel, von dem er den Pass zugespielt bekam. Der Passgeber rückt zum Markierteller im Spielfeld nach.

Schritt 7
Erworbene Kompetenzen festhalten

- Erworbene Kenntnisse und taktische Fähigkeiten benennen und einordnen

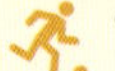

- Erworbene Kompetenzen ggf. schriftlich sichern

Kenntnisse

Die Schüler kennen die An- und Mitnahmearten von flachen Zuspielen mit der Innenseite und dem Außenspann sowie die Eckpunkte der betreffenden Technikleitbilder.

Taktische Fähigkeiten und technische Fertigkeiten

Die Schüler können den Ball mit der Innenseite und dem Außenspann an- und mitnehmen.

ernaufgabe:
Wie?

Den Gegenspieler decken können

Schritt 1
Bewegungsproblem erleben und entdecken

- Organisation und Ablauf erklären
- Spielform beobachten

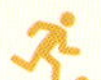

- Lernaufgabe lesen
- Spielform absolvieren

pielform

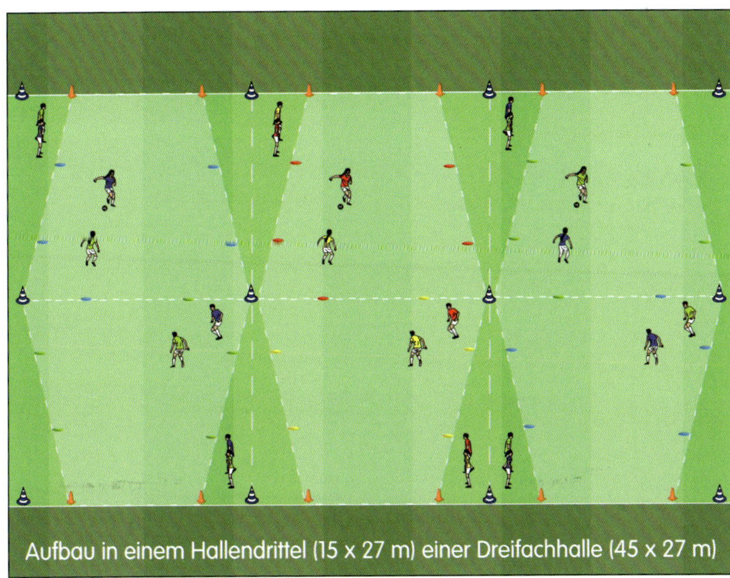

Aufbau in einem Hallendrittel (15 x 27 m) einer Dreifachhalle (45 x 27 m)

Organisation

Der Aufbau des Grundspiels wird weiterhin genutzt. Die Pylonen, die die Tore bzw. die Mittellinie bilden, werden durch Markierscheiben verbunden. Das Spielfeld ist durch die Markierscheiben in 2 Hälften unterteilt. In jeder Spielfeldhälfte befindet sich 1 Angreifer und 1 Verteidiger. Die weiteren Spieler jeder Mannschaft warten jeweils in einer der abgeschnittenen Ecken des Grundspielfeldes. Gespielt wird auf Passtore. Pro Spielfeld wird 1 Futsal-Ball benötigt.

Ablauf

Der Angreifer am Ball startet zu Spielbeginn auf der Grundlinie seines Tores. Gespielt wird nach den bekannten Regeln der Grundspiels. Die einzige Einschränkung besteht darin, dass die Spieler ihre Spielfeldhälften nicht verlassen dürfen. Nach jeweils 1,5 Minuten werden die wartenden Spieler eingewechselt.

Lernaufgabe

Aufgabe während der Spielübung

Denkt über folgende Fragen nach:

- Wo solltest du stehen, damit der Angreifer mit dem ersten Ballkontakt nicht direkt zum Tor dribbeln kann?
- Wie nah solltest du am Angreifer dran sein?

Aufgabe während der Reflexionsphasen

- Erklärt und demonstriert euren Mitspielern eure Lösungen für die zwei Fragen.
- Diskutiert eure Lösungen für die zwei Fragen.
- Zeichnet in die drei Spielfelder ein, wo der Verteidiger jeweils stehen sollte.
- Tragt die Lösungen für die zweite Frage in den weißen Kasten ein.

Position im Verhältnis zum Angreifer

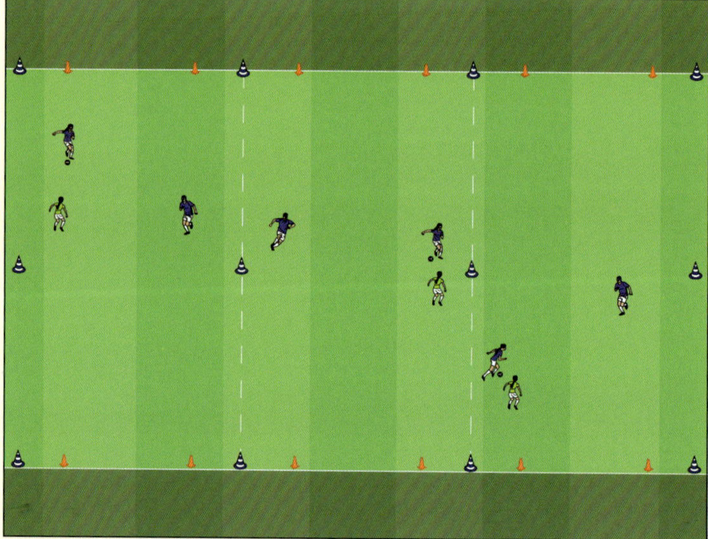

Wie nah solltest du am Angreifer dran sein?

Schritt 2
Bewegungserfahrungen reflektieren und Lösungen diskutieren

- Reflexionen und Diskussionen beobachten

- Den Mitspielern Lösungen erklären und demonstrieren
- Lösungen mit den Mitspielern diskutieren

Schritt 3
Lösungen ausprobieren

- Spielform beobachten

- Spielform absolvieren
- Lösungen ausprobieren

Hinweis Die Spielform wird nochmals durchgeführt.

Schritt 4
Lösungen zusammenführen, reflektieren und diskutieren

- Zum Demonstrieren und Erklären anregen
- Lösungsfindung ggf. durch Hinweise und Fragen unterstützen
- Schülerlösungen systematisieren

- Allen Mitschülern Lösungen erklären und demonstrieren
- Lösungen mit allen Mitschülern diskutieren

Taktikleitbild: Gegenspieler decken

1

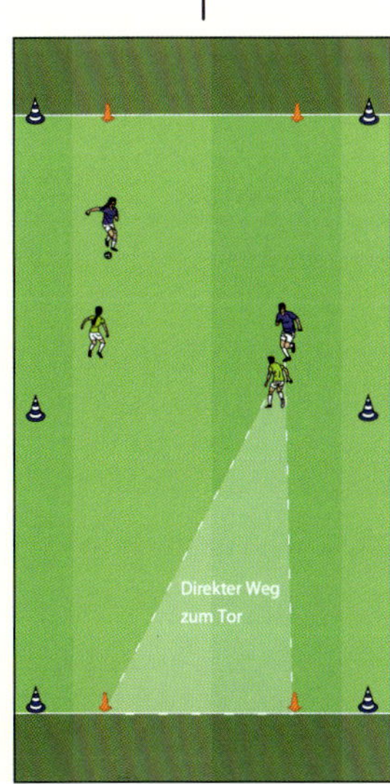

2

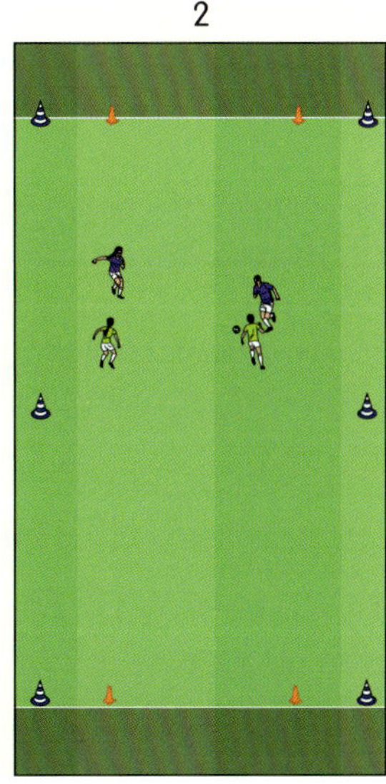

1 Schritt 1: Den gedachten direkten Weg des Gegenspielers zum Tor mit einem Abstand von ca. 1,5 m zu diesem zustellen. Dabei seitlich stellen und den Blick zum Ball richten.

2 Schritt 2: Nach dem Zuspiel in den Passweg laufen und den Ball abfangen oder den Gegenspieler unmittelbar bei der Ballannahme stören.

Schritt 5
Lösungen ausprobieren

- Spielform beobachten

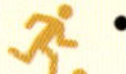

- Spielform absolvieren
- Lösungen ausprobieren

Die Spielform wird nochmals durchgeführt. **Hinweis**

Schritt 6
Lösungen üben

- Organisation und Ablauf erklären
- Schüler korrigieren

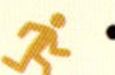

- Grundspiel absolvieren

Das Decken wird direkt im Grundspiel geübt. **Hinweis**

Schritt 7
Erworbene Kompetenzen festhalten

- Erworbene Kenntnisse und taktische Fähigkeiten benennen und einordnen

- Erworbene Kompetenzen ggf. schriftlich sichern

Kenntnisse

Die Schüler kennen die Form „Den Gegenspieler decken" zur Verteidigung eines sich freilaufenden Gegenspielers und die Eckpunkte des Taktikleitbilds.

Taktische Fähigkeiten und technische Fertigkeiten

Die Schüler können einen sich freilaufenden Gegenspieler decken.

ernaufgabe:
Wie?

Eine Überzahlsituation ausspielen können

Schritt 1
Bewegungsproblem erleben und entdecken

- Organisation und Ablauf erklären
- Spielübung beobachten

- Lernaufgabe lesen
- Spielübung absolvieren

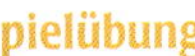

pielübung

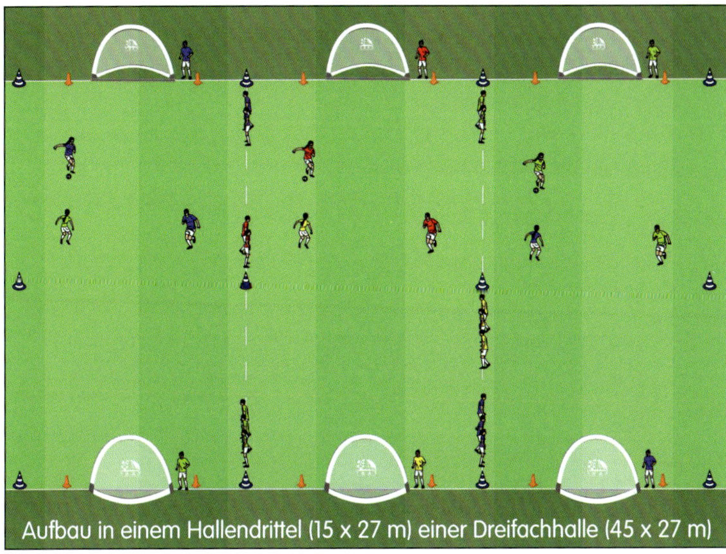

Aufbau in einem Hallendrittel (15 x 27 m) einer Dreifachhalle (45 x 27 m)

rganisation

Der Aufbau des Grundspiels wird weiterhin genutzt. Innerhalb der Tore des Grundspielfeldes sind Minitore aufgestellt. Es befinden sich jeweils 2 Angreifer und 1 Verteidiger auf dem Feld. Die wartenden Spieler stehen zwischen den Spielfeldern bzw. jeweils 1 Spieler auf der Grundlinie neben dem eigenen Tor. Pro Spielfeld wird 1 Futsal-Ball benötigt.

blauf

Der Angreifer am Ball startet zu Spielbeginn auf der Grundlinie seines Tores. Gespielt wird nach den bekannten Regeln der Grundspiels. Die beiden Angreifer haben die Aufgabe, aus der Überzahlsituation heraus ein Tor zu erzielen. Die Aufgabe des Verteidigers ist es, die Angreifer ca. auf Höhe der Mittellinie anzugreifen. Die Spielübung endet, wenn die Angreifer ein Tor erzielen, die Angreifer den Ball in das Aus spielen oder der Verteidiger den Ball gewinnt, sichern kann und zu seinem Mitspieler neben dem Tor passen kann. Nach jeder Übungsrunde wechselt die Spielrichtung. Die zuletzt verteidigende Mannschaft erhält den Ball und greift in Überzahl an.

Lernaufgabe

Aufgabe während der Spielübung

Denkt über folgende Fragen nach:

1. Wie könnt ihr es schaffen, *gemeinsam* ein Tor zu erzielen?
2. Was sind dabei die Aufgaben des Spielers *mit* und des Spielers *ohne* Ball?

Aufgabe während der Reflexionsphasen

- Erklärt und demonstriert eurem Mitspieler eure Lösungen für die zwei Fragen.
- Diskutiert eure Lösungen für die zwei Fragen.
- Denkt darüber nach, inwiefern ihr bereits Erlerntes für die Umsetzung eurer Lösungen benötigt.
- Zeigt in den drei unten abgebildeten Spielfeldern Lösungen auf, indem ihr den zweiten Angreifer auf die richtige Position in das Spielfeld setzt und zudem die passenden Lauf-, Dribbling- und Passwege einzeichnet.
- Tragt die Aufgaben des Spielers mit und ohne Ball in den weißen Kasten ein.

Lösung(en), um *gemeinsam* ein Tor zu erzielen

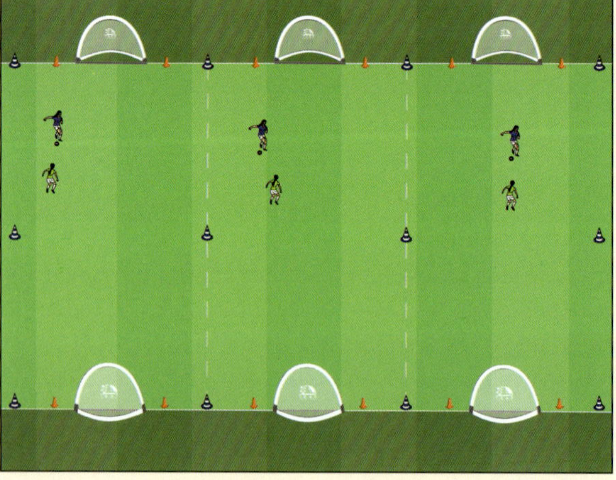

Aufgaben des Spielers **mit** Ball	Aufgaben des Spielers **ohne** Ball

Schritt 2
Bewegungserfahrungen reflektieren und Lösungen diskutieren

- Reflexionen und Diskussionen beobachten
- Ggf. zum Demonstrieren und Erklären anregen

- Den Mitspielern Lösungen erklären und demonstrieren
- Lösungen mit den Mitspielern diskutieren
- Zusammenhang mit bereits Erlerntem besprechen

Schritt 3
Lösungen ausprobieren

- Spielübung beobachten

- Spielübung absolvieren
- Lösungen ausprobieren

inweis

Die Spielübung wird nochmals durchgeführt.

Schritt 4
Lösungen zusammenführen, reflektieren und diskutieren

- Zum Demonstrieren und Erklären anregen
- Lösungsfindung ggf. durch Hinweise und Fragen unterstützen
- Zusammenhang mit bereits Erlerntem erfragen (vgl. Anforderungen)
- Schülerlösungen systematisieren

- Allen Mitschülern Lösungen erklären und demonstrieren
- Lösungen mit allen Mitschülern diskutieren
- Zusammenhang mit bereits Erlerntem diskutieren

aktikleitbild: Eine
berzahlsituation
usspielen

1

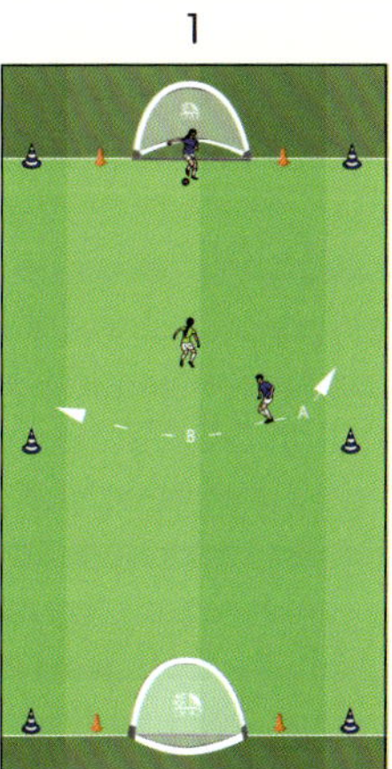

2

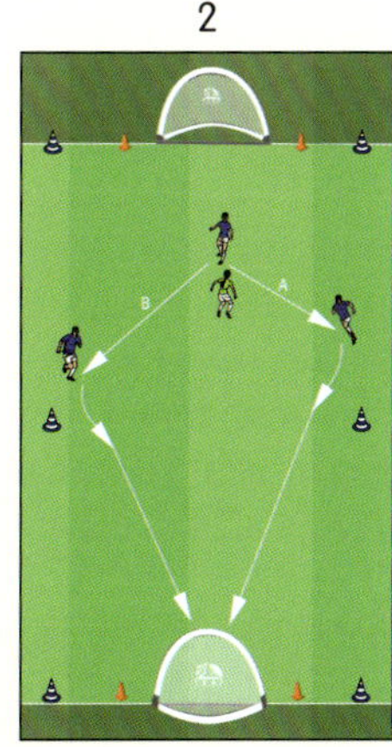

1 Schritt 1: Der Spieler mit Ball startet ein Tempodribbling in Richtung gegnerisches Tor und bindet somit den Verteidiger an sich. Der Spieler ohne Ball bietet sich an und läuft sich frei (A: Anbieten außen, B: im Rücken des Verteidigers die Seite wechseln). Dabei nutzt er die Breite des Feldes möglichst ganz aus.

2 Schritt 2: Der Spieler am Ball passt diesen im richtigen Moment zum sich freilaufenden Mitspieler (so spät wie möglich). Der Mitspieler nimmt den zugespielten Ball in Richtung gegnerisches Tor mit (und/oder passt ihn in das Tor).

Schritt 5
Lösungen ausprobieren

- Spielübung beobachten

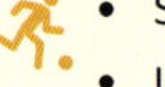

- Spielübung absolvieren
- Lösungen ausprobieren

Hinweis

Die Spielübung wird nochmals durchgeführt.

Schritt 6
Lösungen üben

- Organisation und Ablauf erklären
- Schüler korrigieren

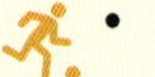

- Spielform absolvieren

Spielform

Der Aufbau entspricht jener der vorhergehenden Spielübung.

Organisation

Die Organisation entspricht jener der vorhergehenden Spielübung.

Ablauf

Der grundsätzliche Ablauf entspricht jenem der vorhergehenden Spielübung. Allerdings endet die Spielform im Vergleich zur Spielübung nicht. Für die 3 Situationen, die zum Ende der Spielübung führten, gilt: Erzielt ein Angreifer ein Tor, spielt er den Ball in das Aus oder verliert er ihn gegen den Verteidiger, verlässt er das Feld über die hintere Grundlinie. In allen 3 Fällen rückt ein Spieler der zuvor verteidigenden Mannschaft nach; die verteidigende Mannschaft wird zur Angriffsmannschaft. Tor für die angreifende Mannschaft: Der nachrückende Spieler startet den Angriff mit dem Ball. Ball im Aus und Ballgewinn: Der Verteidiger passt zum nachrückenden Mitspieler.

Schritt 7
Erworbene Kompetenzen festhalten

- Erworbene Kenntnisse und taktische Fähigkeiten benennen und einordnen
- Zusammenhang mit bereits Erlerntem herausstellen (vgl. Anforderungen)

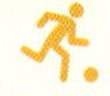

- Erworbene Kompetenzen ggf. schriftlich sichern

Kenntnisse

Die Schüler kennen
- die Form des Zusammenspiels „Eine Überzahlsituation ausspielen" und die Eckpunkte des Taktikleitbilds.
- den Zusammenhang mit den Dribblingformen, den Formen des Anbietens und Freilaufens, den Dribblingarten, den Finten, den Arten der An- und Mitnahme und dem Innenseitstoß.

Taktische Fähigkeiten und technische Fertigkeiten

Die Schüler können in einer Überzahlsituation zielgerichtet eine Torchance herausspielen.

Eine Gleichzahlsituation ausspielen können (am Beispiel des Doppelpasses)

Lernaufgabe: **Wie?**

Schritt 1
Bewegungsproblem erleben und entdecken

- Organisation und Ablauf erklären
- Spielform beobachten

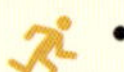

- Lernaufgabe lesen
- Spielform absolvieren

Spielform

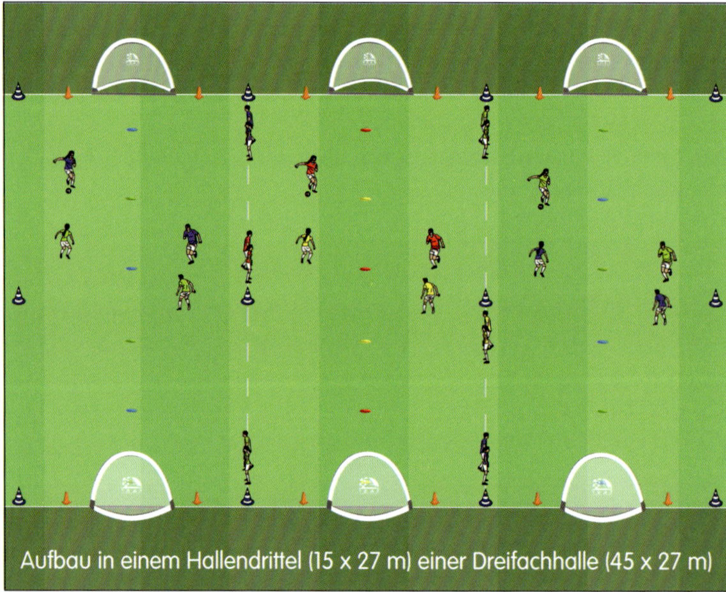

Aufbau in einem Hallendrittel (15 x 27 m) einer Dreifachhalle (45 x 27 m)

Organisation

Der Aufbau des Grundspiels wird weiterhin genutzt. Innerhalb der Tore des Grundspielfeldes sind Minitore aufgestellt. Mit Markierscheiben ist das Spielfeld der Länge nach in 2 Hälften unterteilt. In jeder gebildeten Hälfte befindet sich 1 Angreifer und 1 Verteidiger. Die wartenden Spieler stehen zwischen den Spielfeldern. Pro Spielfeld wird 1 Futsal-Ball benötigt.

Ablauf

Gespielt wird nach den bekannten Regeln des Grundspiels. Der einzige Unterschied zum Grundspiel besteht darin, dass die Spieler ihre der Länge nach gebildeten Hälften nicht verlassen dürfen.

Lernaufgabe

Aufgabe während der Spielform

Denkt über folgende Fragen nach:

- Wie könnt ihr es schaffen, *gemeinsam* ein Tor zu erzielen?
- Was sind dabei die Aufgaben des Spielers *mit* und des Spielers *ohne* Ball?

Aufgabe während der Reflexionsphasen

- Erklärt und demonstriert eurem Mitspieler eure Lösungen für die zwei Fragen.
- Diskutiert eure Lösungen für die zwei Fragen.
- Denkt darüber nach, inwiefern ihr bereits Erlerntes für die Umsetzung eurer Lösungen benötigt.
- Zeigt in den drei unten abgebildeten Spielfeldern Lösungen auf, indem ihr die passenden Lauf-, Dribbling- und Passwege der beiden Angreifer einzeichnet.
- Tragt die Aufgaben des Spielers mit und ohne Ball in den weißen Kasten ein.

Lösung(en), um *gemeinsam* ein Tor zu erzielen

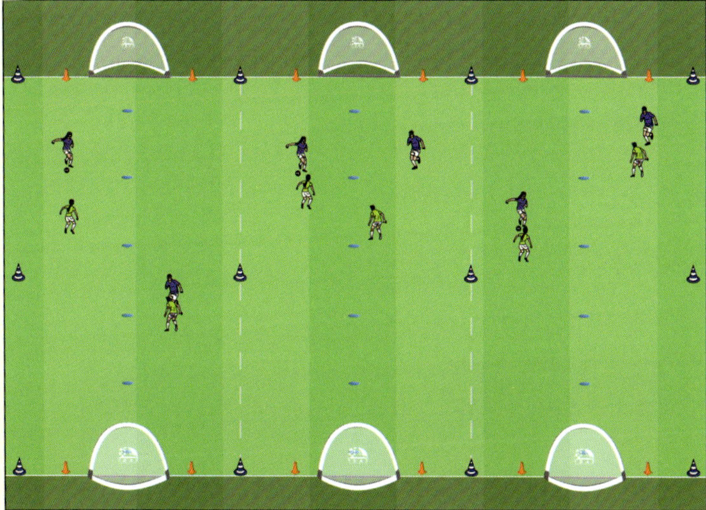

Aufgaben des Spielers **mit** Ball	Aufgaben des Spielers **ohne** Ball

Schritt 2
Bewegungserfahrungen reflektieren und Lösungen diskutieren

- Reflexionen und Diskussionen beobachten
- Ggf. zum Demonstrieren und Erklären anregen

- Den Mitspielern Lösungen erklären und demonstrieren
- Lösungen mit den Mitspielern diskutieren
- Zusammenhang mit bereits Erlerntem besprechen

Schritt 3
Lösungen ausprobieren

- Spielform beobachten

- Spielform absolvieren
- Lösungen ausprobieren

Hinweis

Die Spielform wird nochmals durchgeführt.

Schritt 4
Lösungen zusammenführen, reflektieren und diskutieren

- Zum Demonstrieren und Erklären anregen
- Lösungsfindung ggf. durch Hinweise und Fragen unterstützen
- Zusammenhang mit bereits Erlerntem erfragen (vgl. Anforderungen)
- Schülerlösungen systematisieren

- Allen Mitschülern Lösungen erklären und demonstrieren
- Lösungen mit allen Mitschülern diskutieren
- Zusammenhang mit bereits Erlerntem diskutieren

Taktikleitbild: Doppelpass

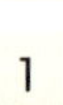

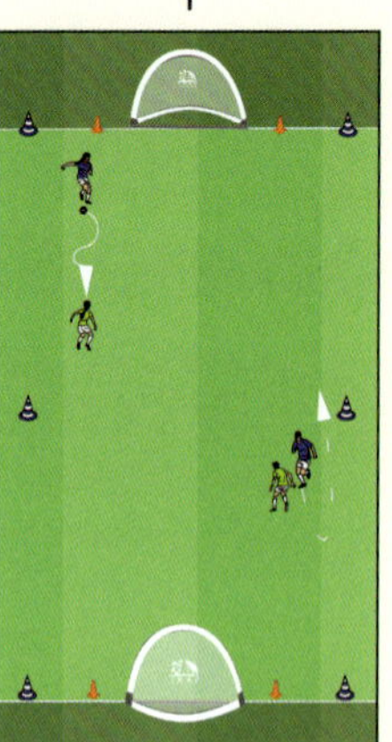

2

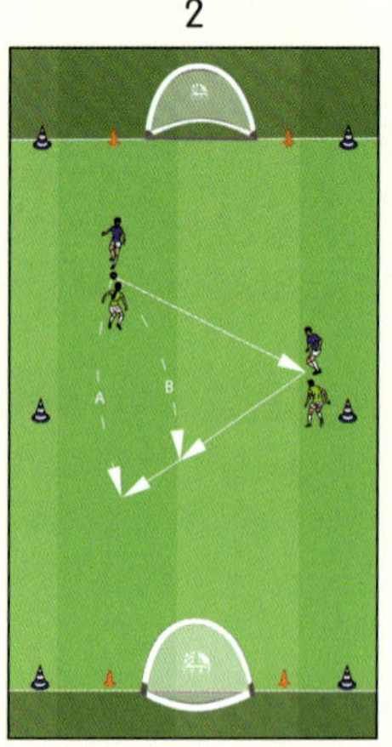

1 Schritt 1: Der Spieler ohne Ball bietet sich in der Tiefe an und achtet auf einen ausreichend großen Abstand zum Mitspieler in der Breite des Feldes. Der Spieler mit Ball startet ein Tempodribbling in Richtung gegnerisches Tor. Der Spieler ohne Ball läuft seinem Mitspieler nach einer Lauffinte entgegen.

2 Schritt 2: Der Spieler mit Ball passt den Ball im richtigen Moment zum entgegenlaufenden Mitspieler (so spät wie möglich). Nach dem Passen überläuft der Spieler sofort seinen angreifenden Gegenspieler (A: im Rücken; B: zwischen Gegenspieler und Ball). Der angespielte Spieler passt den Ball möglichst direkt diagonal nach vorne zwischen den beiden Gegenspielern hindurch zum sich freilaufenden Mitspieler.

Schritt 5
Lösungen ausprobieren

- Spielübung beobachten

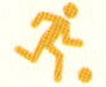

- Spielübung absolvieren
- Lösungen ausprobieren

inweis Die Spielform wird nochmals durchgeführt.

Schritt 6
Lösungen üben

- Organisation und Ablauf erklären
- Schüler korrigieren

- Spielform absolvieren

inweis Der Doppelpass wird im Grundspiel geübt.

Schritt 7
Erworbene Kompetenzen festhalten

- Erworbene Kenntnisse und taktische Fähigkeiten benennen und einordnen
- Zusammenhang mit bereits Erlerntem herausstellen (vgl. Anforderungen)

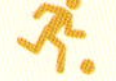

- Erworbene Kompetenzen ggf. schriftlich sichern

Kenntnisse

Die Schüler kennen

- die Form des Zusammenspiels „Eine Gleichzahlsituation mit einem Doppelpass ausspielen“ und die Eckpunkte des Taktikleitbilds.
- den Zusammenhang mit den Dribblingformen, den Formen des Anbietens und Freilaufens, den Dribblingarten, den Finten, den Arten der An- und Mitnahme, dem Innenseitstoß und der Form des Zusammenspiels „Eine Überzahlsituation ausspielen“ können.

Taktische Fähigkeiten und technische Fertigkeiten

Die Schüler können eine Gleichzahlsituation mit einem Doppelpass ausspielen.

Lernaufgabe: Wie?

In Überzahl verteidigen können

Schritt 1
Bewegungsproblem erleben und entdecken

- Organisation und Ablauf erklären
- Spielübung beobachten

- Lernaufgabe lesen
- Spielübung absolvieren

Spielübung

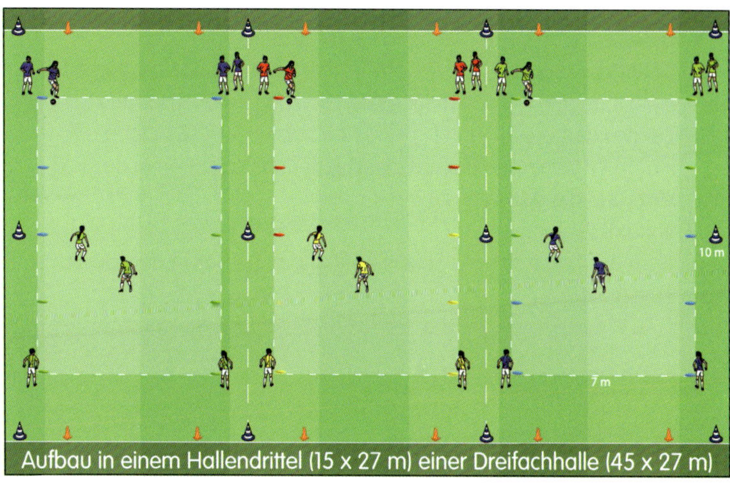

Aufbau in einem Hallendrittel (15 x 27 m) einer Dreifachhalle (45 x 27 m)

Organisation

Der Aufbau des Grundspiels wird weiterhin genutzt. Das Spielfeld ist durch Markierscheiben in der Länge und Breite begrenzt. Die Tore des Grundspiels werden dennoch genutzt. 2 Verteidiger befinden sich in ihrer Spielfeldhälfte. Der Angreifer steht mit einem Futsal-Ball an einer der Markierscheiben, die die Grundlinie seiner Spielfeldhälfte bilden. Die wartenden Spieler stehen hinter den beiden Markierscheiben, die die Grundlinie ihrer Spielfeldhälfte markieren.

Ablauf

Der Angreifer mit Ball startet an seiner Markierscheibe in Richtung gegnerisches Tor. Er hat die Aufgabe, (ggf. in Abhängigkeit von der Leistungsstärke der Verteidiger) ein Tor zu erzielen. Die Aufgabe der Verteidiger ist es, den Ball gemeinsam zu gewinnen und in das gegnerische Tor zu passen. Die Verteidiger dürfen ihre Spielfeldhälfte erst mit dem ersten Kontakt des Angreifers verlassen. Die Spielübung endet, wenn die Verteidiger den Ball gewinnen und ein Tor erzielen, der Ball in das Aus geht oder der Angreifer ein Tor erzielt. Im Anschluss erhält der nächste Angreifer an seiner Markierscheibe den Ball. Zudem wird ein Verteidiger ausgetauscht. Nachdem alle 4 Angreifer angegriffen haben, wechseln die Aufgaben.

Aufgabe während der Spielübung

Lernaufgabe

Denkt über folgende Fragen nach:

1. Wie könnt ihr es schaffen, den Ball *gemeinsam* zu gewinnen?
2. Inwiefern habt ihr dabei *gleiche* und/oder *unterschiedliche* Aufgaben und was sind das für Aufgaben?

Aufgabe während der Reflexionsphasen

- Erklärt und demonstriert eurem Mitspieler eure Lösungen für die zwei Fragen.
- Diskutiert eure Lösungen für die zwei Fragen.
- Denkt darüber nach, inwiefern ihr bereits Erlerntes zur Verteidigung einer 1-gegen-1-Situation für die Umsetzung eurer Lösungen benötigt.
- Zeigt in den drei unten abgebildeten Spielfeldern Lösungen auf, indem ihr den Angreifer auf verschiedenen Positionen in das Feld setzt und die dazu passenden Positionen und Laufwege der beiden Verteidiger einzeichnet.
- Tragt die Aufgaben des Spielers mit und ohne Ball in den weißen Kasten ein.

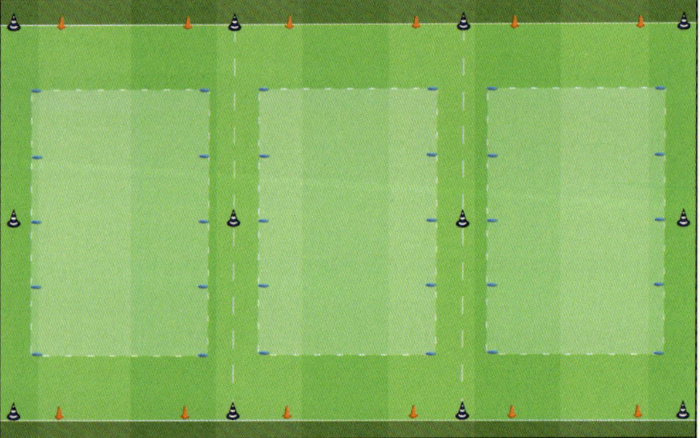

Lösung(en), um den Ball *gemeinsam* zu gewinnen

Verteidiger 1	Verteidiger 2
Gleiche Aufgaben	
Unterschiedliche Aufgaben	

Schritt 2
Bewegungserfahrungen reflektieren und Lösungen diskutieren

- Reflexionen und Diskussionen beobachten
- Ggf. zum Demonstrieren und Erklären anregen

- Den Mitspielern Lösungen erklären und demonstrieren
- Lösungen mit den Mitspielern diskutieren
- Zusammenhang mit bereits Erlerntem besprechen

Schritt 3
Lösungen ausprobieren

- Spielübung beobachten

- Spielübung absolvieren
- Lösungen ausprobieren

Hinweis Die Spielübung wird nochmals durchgeführt.

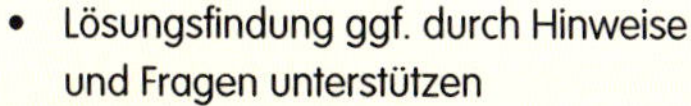

Schritt 4
Lösungen zusammenführen, reflektieren und diskutieren

- Zum Demonstrieren und Erklären anregen
- Lösungsfindung ggf. durch Hinweise und Fragen unterstützen
- Zusammenhang mit bereits Erlerntem erfragen (vgl. Anforderungen)
- Schülerlösungen systematisieren

- Allen Mitschülern Lösungen erklären und demonstrieren
- Lösungen mit allen Mitschülern diskutieren
- Zusammenhang mit bereits Erlerntem diskutieren

Taktikleitbild: Doppelpass

1

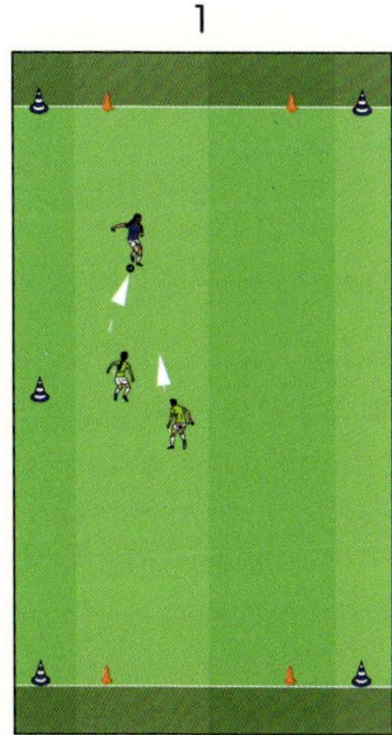

2

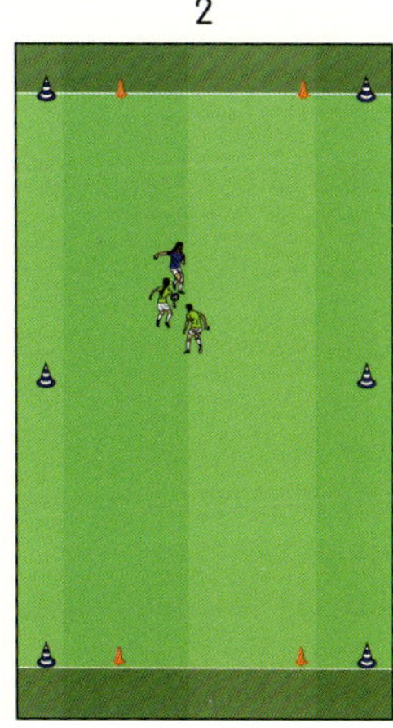

1	Schritt 1: Der ballnahe Verteidiger läuft den Gegenspieler am Ball in seitlicher Stellung an, versperrt ihm den Weg nach außen und zwingt ihn zu einem Dribbling nach innen. Der ballferne Verteidiger bewegt sich mit kurzem Abstand sowie leicht versetzt in seinem Rücken.
2	Schritt 2: Beide Verteidiger versuchen den Ball zu erobern, wobei der ballnahe Verteidiger risikoreicher verteidigt. Der ballferne Verteidiger sichert noch immer den Rücken des ballnahen Verteidigers.

Schritt 5
Lösungen ausprobieren

- Spielübung beobachten

- Spielübung absolvieren
- Lösungen ausprobieren

Hinweis

Die Spielübung wird nochmals durchgeführt.

Schritt 6
Lösungen üben

- Organisation und Ablauf erklären
- Schüler korrigieren

- Spielform absolvieren

Spielform

Der Aufbau entspricht jener der vorhergehenden Spielübung.

Organisation

Die Organisation entspricht jener der vorhergehenden Spielübung.

Ablauf

Der grundsätzliche Ablauf entspricht jenem der vorhergehenden Spielübung. Allerdings endet die Spielform im Vergleich zur Spielübung nicht. Für die 3 Situationen, die zum Ende der Spielübung führten, gilt: Gewinnen die Verteidiger den Ball und erzielen ein Tor oder spielen sie den Ball in das Aus, setzt der Angreifer das Spiel fort. Erzielt der Angreifer ein Tor oder spielt er den Ball in das Aus, verlassen alle Spieler das Feld. Einer der zuvor wartenden Verteidiger setzt das Spiel als Angreifer gegen die nachrückenden Verteidiger nach.

Schritt 7
Erworbene Kompetenzen festhalten

- Erworbene Kenntnisse und taktische Fähigkeiten benennen und einordnen
- Zusammenhang mit bereits Erlerntem herausstellen (vgl. Anforderungen)

- Erworbene Kompetenzen ggf. schriftlich sichern

Kenntnisse

Die Schüler kennen
- die Form „Verteidigung des Zusammenspiels in Überzahl“ und die Eckpunkte des Taktikleitbilds.
- den Zusammenhang mit den individualtaktischen Verteidigungsformen.

Taktische Fähigkeiten und technische Fertigkeiten

Die Schüler können den Ball in einer Überzahlsituation gemeinsam erobern.

In Gleichzahl verteidigen können

Lernaufgabe:
Wie?

Schritt 1
Bewegungsproblem erleben und entdecken

- Organisation und Ablauf erklären
- Spielübung beobachten

- Lernaufgabe lesen
- Spielübung absolvieren

Spielübung

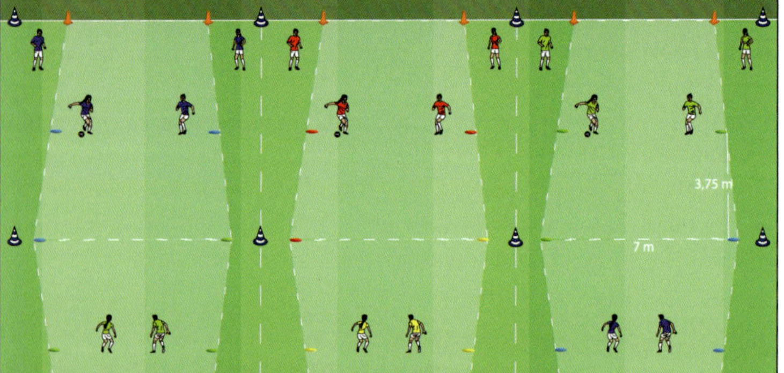

Aufbau in einem Hallendrittel (15 x 27 m) einer Dreifachhalle (45 x 27 m)

Organisation

Der Aufbau des Grundspiels wird weiterhin genutzt. Innerhalb der Spielfelder sind mit Markierscheiben kleinere Spielfelder aufgebaut. Genutzt wird die gesamte Spielfeldlänge. Die beiden Angreifer und Verteidiger stehen zu Beginn auf der Linie zwischen den beiden tornahen Markierscheiben. Die wartenden Spieler stehen in den abgeschnittenen Ecken des Grundspielfeldes. Pro Feld wird 1 Futsal-Ball benötigt.

Ablauf

Die beiden Angreifer starten in Richtung gegnerisches Tor. Sie haben die Aufgabe, (ggf. in Abhängigkeit von der Leistungsstärke der Verteidiger) ein Tor zu erzielen. Die Aufgabe der Verteidiger ist es, den Ball gemeinsam zu gewinnen und durch einen Pass zum Mitspieler zu sichern. Die Verteidiger dürfen die Linie zwischen den beiden tornahen Markierscheiben erst mit dem ersten Kontakt durch einen der Angreifer verlassen. Die Spielübung endet, wenn die Verteidiger den Ball gewinnen und durch einen Pass sichern, der Ball in das Aus geht oder ein Angreifer ein Tor erzielt. Nach 3 Angriffen wechseln die Aufgaben. Nach jedem Angriff werden beide Angreifer und Verteidiger ausgetauscht.

Lernaufgabe

Aufgabe während der Spielform

Denkt über folgende Fragen nach:

1. Wie könnt ihr es schaffen, den Ball *gemeinsam* zu gewinnen?
2. Was sind dabei eure Aufgaben?

Aufgabe während der Reflexionsphasen

- Erklärt und demonstriert eurem Mitspieler eure Lösungen für die zwei Fragen.
- Diskutiert eure Lösungen für die zwei Fragen.
- Denkt darüber nach, inwiefern ihr bereits Erlerntes zur Verteidigung einer 1-gegen-1- und 2-gegen-1-Situation für die Umsetzung eurer Lösungen benötigt.
- Zeigt in den drei unten abgebildeten Spielfeldern Lösungen auf, indem ihr die beiden Angreifer jeweils auf verschiedene Positionen in das Feld setzt und die dazu passenden Positionen und Laufwege der beiden Verteidiger einzeichnet.
- Tragt die Aufgaben der beiden Verteidiger in den weißen Kasten ein.

Lösung(en), um den Ball *gemeinsam* zu gewinnen

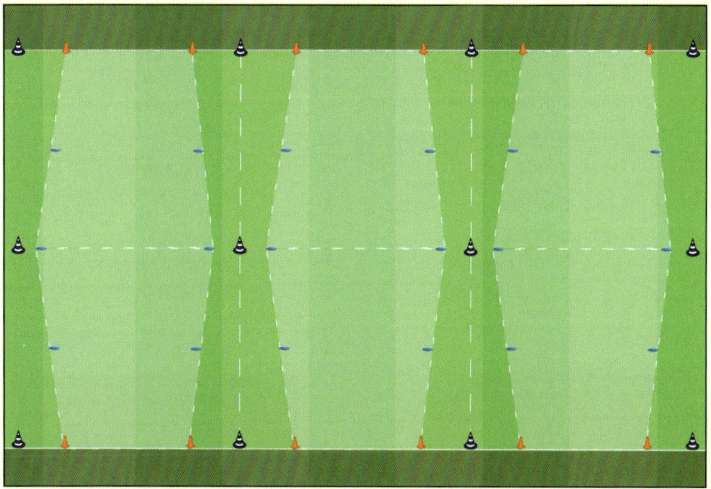

Aufgaben Verteidiger 1	Aufgaben Verteidiger 2

Schritt 2
Bewegungserfahrungen reflektieren und Lösungen diskutieren

- Reflexionen und Diskussionen beobachten
- Ggf. zum Demonstrieren und Erklären anregen

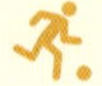

- Den Mitspielern Lösungen erklären und demonstrieren
- Lösungen mit den Mitspielern diskutieren
- Zusammenhang mit bereits Erlerntem besprechen

Schritt 3
Lösungen ausprobieren

- Spielübung beobachten

- Spielübung absolvieren
- Lösungen ausprobieren

Die Spielübung wird nochmals durchgeführt.

Hinweis

Schritt 4
Lösungen zusammenführen, reflektieren und diskutieren

- Zum Demonstrieren und Erklären anregen
- Lösungsfindung ggf. durch Hinweise und Fragen unterstützen
- Zusammenhang mit bereits Erlerntem erfragen (vgl. Anforderungen)
- Schülerlösungen systematisieren

- Allen Mitschülern Lösungen erklären und demonstrieren
- Lösungen mit allen Mitschülern diskutieren
- Zusammenhang mit bereits Erlerntem diskutieren

1

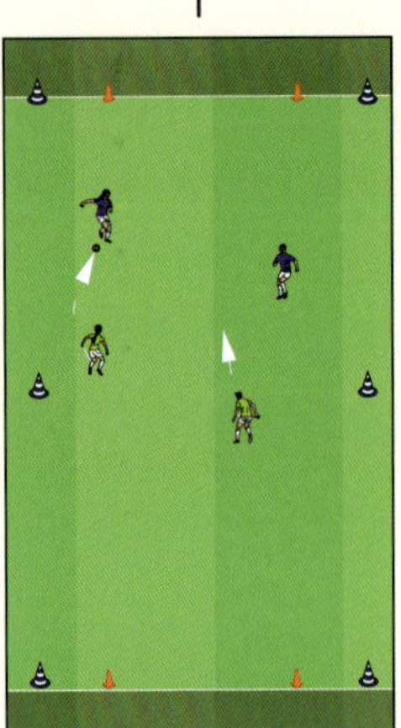

2

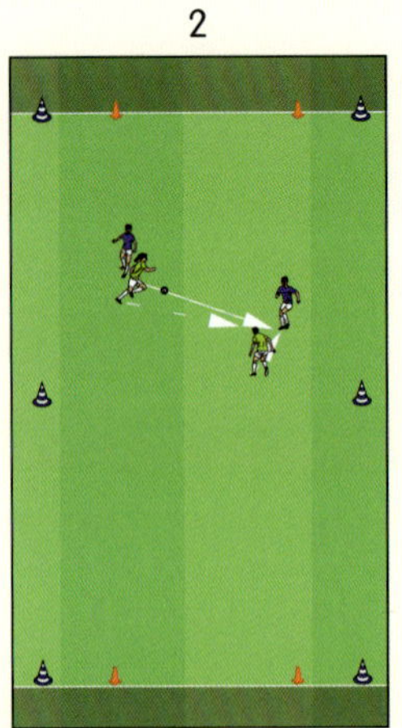

Taktikleitbild: Den Ballgewinn aus einer Tiefenstaffelung heraus systematisch vorbereiten

1 Schritt 1: Der ballnahe Verteidiger läuft den Gegenspieler am Ball in seitlicher Stellung an, versperrt ihm den Weg nach außen und provoziert einen Pass zu seinem Mitspieler. Der ballferne Verteidiger bewegt sich leicht versetzt in seinem Rücken, um den Raum zwischen sich und dem zweiten Verteidiger eng zu machen.

2 Schritt 2: Nach erfolgtem Pass erobern die Verteidiger den Ball in einer 2-gegen-1-Situation (vgl. in Überzahl verteidigen können). Hierfür läuft der zuvor ballnahe Verteidiger in den Passweg, um einen Rückpass zu verhindern.

Schritt 5
Lösungen ausprobieren

- Spielübung beobachten

- Spielübung absolvieren
- Lösungen ausprobieren

Hinweis

Die Spielübung wird nochmals durchgeführt.

Schritt 6
Lösungen üben

- Organisation und Ablauf erklären
- Schüler korrigieren

- Spielform absolvieren

Organisation

Die Organisation entspricht bis auf eine Änderung jenem des Übungsspiels: Die 2 Angreifer und Verteidiger dürfen sich zu Beginn des Spiels frei in ihrer Spielfeldhälfte bewegen.

Spielform

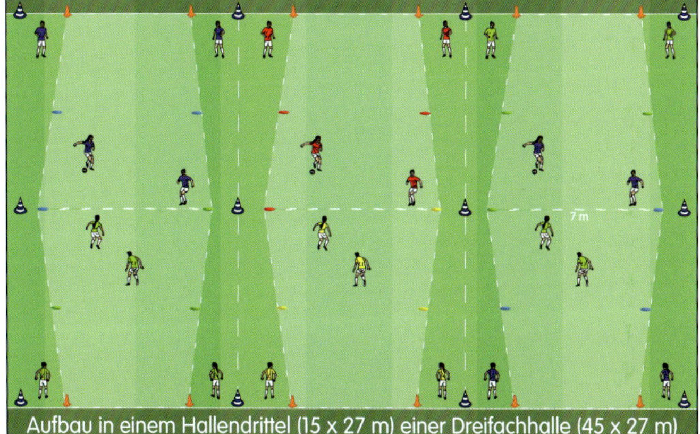

Aufbau in einem Hallendrittel (15 x 27 m) einer Dreifachhalle (45 x 27 m)

Ablauf

Gespielt wird nach den Regeln des Grundspiels. Hinzu kommen zwei Regeln: Nach einem Tor muss sich die dann verteidigende Mannschaft in die eigene Spielfeldhälfte zurückziehen. Gleiches gilt, wenn eine Mannschaft den Ball in der gegnerischen Hälfte in das Aus spielt.

Schritt 7
Erworbene Kompetenzen festhalten

- Erworbene Kenntnisse und taktische Fähigkeiten benennen und einordnen
- Zusammenhang mit bereits Erlerntem herausstellen (vgl. Anforderungen)

- Erworbene Kompetenzen ggf. schriftlich sichern

Kenntnisse

Die Schüler kennen

- die Form „Verteidigung des Zusammenspiels in Gleichzahl" und die Eckpunkte des Taktikleitbilds.
- den Zusammenhang mit den individualtaktischen Verteidigungsformen und der Form „Verteidigung des Zusammenspiels in Überzahl".

Taktische Fähigkeiten und technische Fertigkeiten

Die Schüler können den Ball in einer Gleichzahlsituation gemeinsam erobern.

3.3 3 gegen 3 auf Passtore

Anforderungen, Kompetenzziele und deren Konkretisierung

Anforderungen			
Wann?	**Was?**	**Wie?**	
		Taktische Fähigkeiten	**Technische Fertigkeiten**
Mannschaftstaktik Offensive			
Wir …			
… haben den Ball	Das Spiel aus einer Grundordnung heraus systematisch aufbauen und eine Torchance herausspielen	MT-ZUS: Spielaufbau und Herausspielen Torchance IT-DRF (GS1:1) IT-AUF (GS2:2) GT-ZUS (GS2:2)	DRA (GS1:1) FIN (GS1:2) STA (GS2:2) AMA (GS2:2)
… gewinnen den Ball*	Den Ball sichern oder schnell eine Torchance herausspielen	MT-ZUS: Ballsicherung oder Herausspielen Torchance IT-DRF (GS1:1) IT-AUF (GS2:2) GT-ZUS (GS2:2)	DRA (GS1:1) FIN (GS1:1) STA (GS2:2) AMA (GS2:2)
Mannschaftstaktik Defensive			
Wir …			
… haben den Ball nicht	Den Ballgewinn aus einer Grundordnung heraus systematisch vorbereiten	VZUS: Vorbereitung Ballgewinn GT-VZUS (GS2:2) IT-V11 (GS1:1)	—
… verlieren den Ball*	Direkt nachsetzen oder schnell zwischen Ball und eigenes Tor laufen bzw. zurückweichen und einen Pass in Richtung des eigenen Tors/einen Torabschluss verhindern	VZUS: Nachsetzen oder Verhinderung Pass/Torabschluss GT-VZUS (GS2:2) IT-V11 (GS1:1)	—

Kompetenzziele und deren Konkretisierung

Kompetenzziele

Die Schüler können im Spiel 3 gegen 3 situationsgerecht …
… die Formen des Zusammenspiels und der Verteidigung des Zusammenspiels als Mannschaft sowie die Formen des Umschaltens nach Ballgewinn und Ballverlust anwenden (Mannschaftstaktik).

Kenntnisse

Die Schüler kennen …

Taktik

… die Grundform des Zusammenspiels als Mannschaft sowie die Eckpunkte des Taktikleitbilds.
… die Formen der Spielfortsetzung nach Ballgewinn und die Eckpunkte der betreffenden Taktikleitbilder.
… die Grundform der Verteidigung als Mannschaft zum Unterbinden des Zusammenspiels sowie die Eckpunkte des Taktikleitbilds.
… die Formen der Spielfortsetzung nach Ballverlust und die Eckpunkte der betreffenden Taktikleitbilder.

Taktische Fähigkeiten und technische Fertigkeiten

Die Schüler können …

Offensive

… das Spiel aus einer Grundordnung heraus systematisch aufbauen und eine Torchance herausspielen.
… nach einem Ballgewinn den Ball gemeinsam sichern oder schnell eine Torchance herausspielen.

Defensive

… den Ballgewinn aus einer Grundordnung heraus systematisch vorbereiten.
… nach einem Ballverlust direkt nachsetzen oder schnell zwischen Ball und eigenes Tor laufen bzw. zurückweichen und einen Pass in Richtung des eigenen Tors/Torabschluss verhindern.

Bereitschaften

Die Schüler sind bereit …
… sich die benötigten mannschaftstaktikbezogenen Kenntnisse anzueignen und die Kenntnisse im Spiel einzusetzen.
… die benötigten mannschaftstaktischen Fähigkeiten zu erlernen, zu üben und im Spiel anzuwenden.

Kompetenzerwerb gestalten

Schritt 1
Grundspiel spielen

- Spielregeln, Organisation und Ablauf erklären
- Grundspiel beobachten

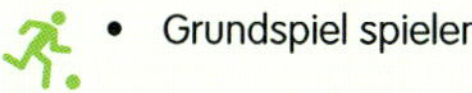

- Grundspiel spielen

Grundspiel:
Was?
Wann?

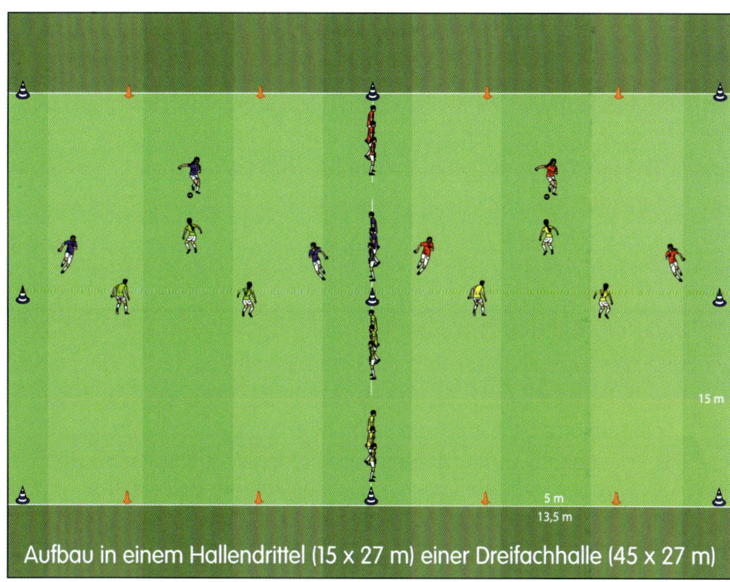

Aufbau in einem Hallendrittel (15 x 27 m) einer Dreifachhalle (45 x 27 m)

Spielfeld und Ball

Steht in einer Dreifeldhalle mit dem Standardmaß 27 x 45 Metern ein Hallendrittel zur Verfügung (ca. 15 x 27 Meter), sollten bei Anfängern maximal 2 Spielfelder aufgebaut werden. Selbst dann ergeben sich mit einer Länge von 15 Metern zu kurze Felder, die jedoch zumindest 13,5 Meter breit sind. Abgegrenzt werden können die Spielfelder durch Leitkegel. Hierbei sollte darauf geachtet werden, dass es sich um schwere Leitkegel handelt, die durch eine Ballberührung nicht umfallen bzw. weggeschoben werden. Alternativ können die Spielfelder durch Langbänke abgegrenzt werden. Mit Blick auf eine Verletzungsgefahr durch die Langbänke ist abzuwägen, inwiefern diese größer/kleiner ist, wenn nicht mit Langbänken gespielt wird und dafür Bälle mit einer größeren Wahrscheinlichkeit in andere Felder rollen können. Gespielt wird mit einem Futsal-Ball und mit Passtoren, das mit Pylonen gebildet wird (Torgröße: 5 Meter). Alternativ können die Passtore bspw. mit den Ober- oder Zwischenteilen eines Sprungkastens oder

Langbänken gebildet werden. Die Torgröße sollte so gewählt werden, dass (möglichst) jeder Schüler ein Tor erzielen kann. An der jeweils äußeren Seitenlinie beider Felder sowie auf allen Feldern an der Grundlinie neben den Passtoren gibt es kein Aus. Hier wird mit Bande gespielt.

Spieler

Auf jedem der 2 Felder wird ein 3 gegen 3 gespielt. Die Spieler sind jeweils ausschließlich Feldspieler, sie dürfen den Ball folglich bspw. nicht mit der Hand berühren. Bei z. B. 24 Schülern können acht Mannschaften à 3 Spieler gebildet werden. 4 Mannschaften werden auf die 2 Felder verteilt. Alle wartenden Mannschaften stellen sich zwischen die beiden Felder. Die 4 spielenden Mannschaften und die 4 pausierenden Mannschaften spielen jeweils in einer Gruppe. Gespielt wird in beiden Gruppen nach folgendem Modus: Runde 1 = Blau gegen Grün und Rot gegen Gelb, Runde 2 = Blau gegen Gelb und Rot gegen Grün, Runde 3 = Blau gegen Rot und Grün gegen Gelb. Alle Mannschaften einer Gruppe spielen/pausieren jeweils zeitgleich bzw. im Wechsel.

Beginn und Dauer des Spiels

Das Spiel beginnt mit dem Anpfiff. Der Ball wird vom Schiedsrichter ins Spiel gebracht. Die Spielzeit liegt bei 3 Minuten. Nach dem Abpfiff haben die Spieler 30 Sekunden Zeit, bis das nächste Spiel angepfiffen wird.

Spielunterbrechung und -fortsetzung

Überschreitet der Ball die Seitenlinie zwischen den Feldern mit vollem Umfang, wird das Spiel an der entsprechenden Stelle durch Eindribbeln oder Einpassen fortgesetzt. Ein Tor kann nur erzielt werden, wenn sich der Ball im Moment des Passes in der gegnerischen Feldhälfte befindet. Ein Tor ist dann erzielt, wenn der Ball die Grundlinie des gegnerischen Tores flach überschreitet und an die unmittelbar angrenzende Hallenwand/-abtrennung prallt. Nach einem Tor erhält die gegnerische Mannschaft den Ball und setzt das Spiel an ihrem Tor fort. Bei Foul oder unsportlichem Betragen erhält der gegnerische Spieler den Ball und setzt das Spiel am Ort des Vergehens mit einem Dribbling oder einem Pass zum Mitspieler fort.

Schritt 2
Lernprozess zur Frage „Was?" anregen

- Lernfrage „Was?" zur Offensive bzw. Defensive stellen

Schritt 3
Lösungen zur Frage „Was?" zusammenführen, reflektieren und diskutieren

- Zum Demonstrieren und Erklären anregen
- Lösungsfindung ggf. durch Hinweise und Fragen unterstützen
- Schülerlösungen systematisieren (vgl. Anforderungen)

- Allen Mitschülern Lösungen erklären und demonstrieren
- Lösungen mit allen Mitschülern diskutieren

Schritt 4
Lernprozess zur Frage „Wann?" anregen

- Lernfrage „Wann?" zur Offensive bzw. Defensive stellen

Schritt 5
Grundspiel spielen, reflektieren und diskutieren

- Organisation und Ablauf erklären
- Schüler in den Pausen zur Reflexion und Diskussion über die Frage „Wann?" anregen

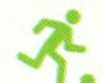

- Grundspiel spielen
- Den Mitspielern Lösungen erklären
- Lösungen mit den Mitspielern diskutieren

Hinweis Organisiert werden kann die zweite Spielrunde bspw. als Wechsel zwischen 3-minütigen Spielen und 3-minütigen Pausen. Eingeplant werden sollten mindestens 3 Spiel- sowie 2 Pausenphasen.

Schritt 6
Lösungen zur Frage „Wann?" zusammenführen, reflektieren und diskutieren

- Zum Demonstrieren und Erklären anregen
- Lösungsfindung ggf. durch Hinweise und Fragen unterstützen
- Schülerlösungen systematisieren (vgl. Anforderungen)

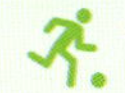

- Allen Mitschülern Lösungen erklären und demonstrieren
- Lösungen mit allen Mitschülern diskutieren

Schritt 7
Kompetenzziele benennen

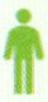

- Kompetenzziele für die Folgestunden benennen (vgl. Kompetenzziele)

In einer Grundordnung zusammenspielen und sich positionsspezifisch freilaufen können

Lernaufgabe: **Wie?**

Schritt 1

Bewegungsproblem erleben und entdecken

- Organisation und Ablauf erklären
- Grundspiel beobachten

- Lernaufgabe lesen
- Grundspiel spielen

Hinweis

Es wird das Grundspiel gespielt.

Lernaufgabe

Aufgabe während der Spielform

Denkt über folgende Fragen nach:

1. Mit welchen Grundordnungen könnt ihr spielen?
2. Wie könnt ihr euch im Spielaufbau auf den unterschiedlichen Positionen freilaufen?

Aufgabe während der Reflexionsphasen

- Erklärt und demonstriert euren Mitspielern eure Lösungen für die zwei Fragen.
- Diskutiert eure Lösungen für die zwei Fragen.
- Denkt darüber nach, inwiefern ihr bereits Erlerntes zum Anbieten und Freilaufen benötigt.
- Zeigt in den beiden unten abgebildeten Spielfeldern Lösungen auf, indem ihr die drei Angreifer in zwei unterschiedliche Grundordnungen in das Feld setzt und die jeweiligen Freilaufwege der drei Angreifer einzeichnet.

Grundordnungen und Freilaufwege im Spielaufbau

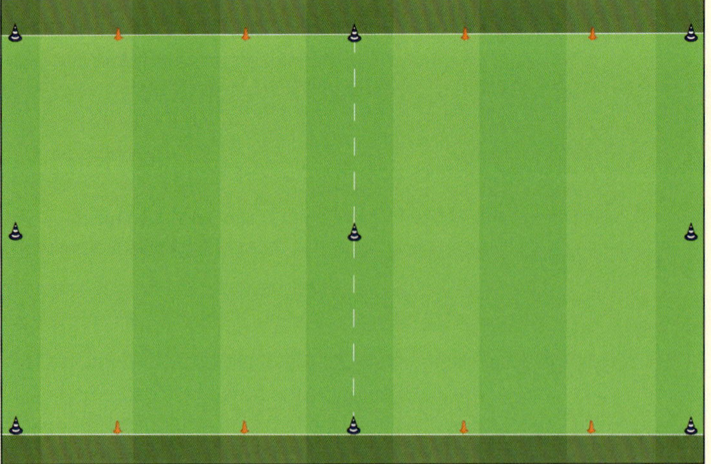

Schritt 2
Bewegungserfahrungen reflektieren und Lösungen diskutieren

- Reflexionen und Diskussionen beobachten
- Ggf. zum Demonstrieren und Erklären anregen

- Den Mitspielern Lösungen erklären und demonstrieren
- Lösungen mit den Mitspielern diskutieren
- Zusammenhang mit bereits Erlerntem besprechen

Schritt 3
Lösungen ausprobieren

- Grundspiel beobachten

- Grundspiel spielen
- Lösungen ausprobieren

Hinweis Das Grundspiel wird nochmals durchgeführt.

Schritt 4
Lösungen zusammenführen, reflektieren und diskutieren

- Zum Demonstrieren und Erklären anregen
- Lösungsfindung ggf. durch Hinweise und Fragen unterstützen
- Zusammenhang mit bereits Erlerntem erfragen (vgl. Anforderungen)
- Schülerlösungen systematisieren

- Allen Mitschülern Lösungen erklären und demonstrieren
- Lösungen mit allen Mitschülern diskutieren
- Zusammenhang mit bereits Erlerntem diskutieren

Taktikleitbild: Grundordnung und grundlegende Freilaufwege auf Positionen

1

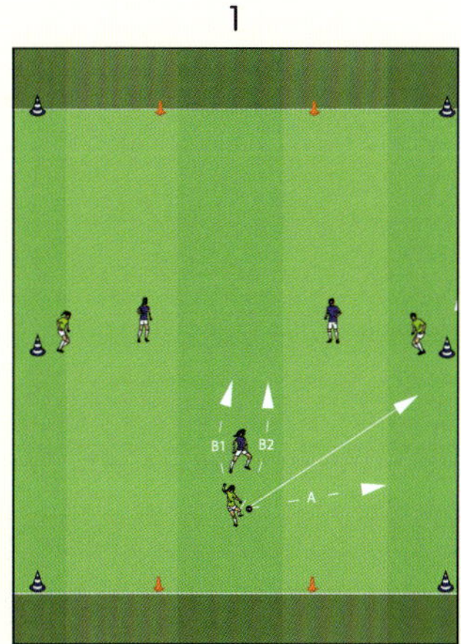

2

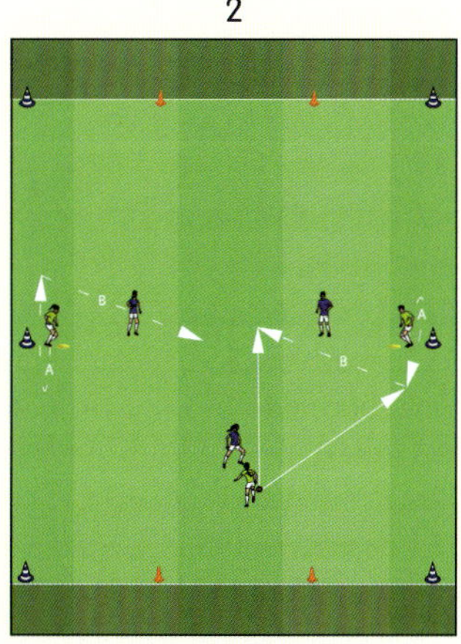

Grundordnung: 1-2-System mit einem zentralen Verteidiger und 2 Angreifern.

1 Grundlegende Freilaufwege Verteidigerposition A: Nach dem Pass auf einen der Angreifer seitlich (ggf. nach hinten) absetzen. B1 und B2: Nach dem Pass auf einen der Angreifer sofort den angreifenden Gegenspieler überlaufen (im Rücken oder zwischen Gegenspieler und Ball).

2 Grundlegende Freilaufwege Angreiferposition A: Nach einer Lauffinte sich entlang der Seitenlinie freilaufen. A und B: Nach einer Lauffinte mit dem 2. Angreifer die Position tauschen.

Schritt 5
Lösungen ausprobieren

- Grundspiel beobachten

- Grundspiel spielen
- Lösungen ausprobieren

Hinweis

Das Grundspiel wird nochmals durchgeführt.

Schritt 6
Lösungen üben

- Organisation und Ablauf erklären
- Schüler korrigieren

- Übungsform absolvieren

Übungsform

Aufbau in einem Hallendrittel (15 x 27 m) einer Dreifachhalle (45 x 27 m)

Organisation

Der Aufbau des Grundspiels wird weiterhin genutzt. Auf beiden Spielfeldern sind mit Markierscheiben 2 Angreiferpositionen markiert, die mit Spieler B und C besetzt werden. Spieler A startet mit einem Futsal-Ball auf der Grundlinie seines Tores.

Ablauf

Übungsform 1

A startet ein Dribbling. Parallel laufen sich B und C nach einer Lauffinte nach hinten frei. A passt auf B und setzt sich seitlich ab. A bekommt den Ball zurückgepasst und dribbelt diagonal nach vorne. Parallel läuft sich C nach einer weiteren Lauffinte nach vorne frei. A passt den Ball diagonal nach vorne zu C, der den Ball in das Tor passt.

Übungsform 2

A startet ein Dribbling. Parallel läuft sich B nach einer Lauffinte kurz nach hinten frei, C nach vorne. Im Anschluss laufen beide Spieler schnell zur Position des jeweils anderen. A passt den Ball zu dem nach vorne laufenden B.

Übergreifendes

Nach jedem Durchgang werden alle 3 Spieler ausgetauscht. Beide Übungen werden auch spiegelverkehrt ausgeführt.

Schritt 7
Erworbene Kompetenzen festhalten

- Erworbene Kenntnisse und taktische Fähigkeiten benennen und einordnen
- Zusammenhang mit bereits Erlerntem herausstellen (vgl. Anforderungen)

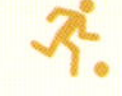

- Erworbene Kompetenzen ggf. schriftlich sichern

Kenntnisse

Die Schüler kennen
- mindestens eine Grundordnung und die damit verbundenen positionsspezifischen Freilaufwege.
- den Zusammenhang mit den Formen des Anbietens und Freilaufens.

Taktische Fähigkeiten und technische Fertigkeiten

Die Schüler können das Spiel aus einer Grundordnung heraus systematisch aufbauen und sich dabei auf unterschiedlichen Positionen freilaufen.

Mit dem Doppelpass Torchancen herausspielen können

Lernaufgabe: Wie?

Schritt 1
Bewegungsproblem erleben und entdecken

- Organisation und Ablauf erklären
- Grundspiel beobachten

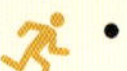

- Lernaufgabe lesen
- Grundspiel spielen

Hinweis

Es wird das Grundspiel gespielt.

Lernaufgabe

Aufgabe während der Spielform

Denkt über folgende Fragen nach:

- Wie könnt ihr mit dem Doppelpass eine Torchance herausspielen?

Aufgabe während der Reflexionsphasen

- Erklärt und demonstriert euren Mitspielern eure Lösungen für die Frage.
- Diskutiert eure Lösungen.
- Denkt darüber nach, wie ihr das bereits Erlernte zum Doppelpass in diesem Spiel anwenden könnt.
- Zeigt in den beiden unten abgebildeten Spielfeldern Lösungen auf, indem ihr die Angreifer und Verteidiger auf ihre Positionen im Feld setzt und zudem die Lauf-, Dribbling- und Passwege der Angreifer einzeichnet.

Mögliche Lösungen für den Doppelpass

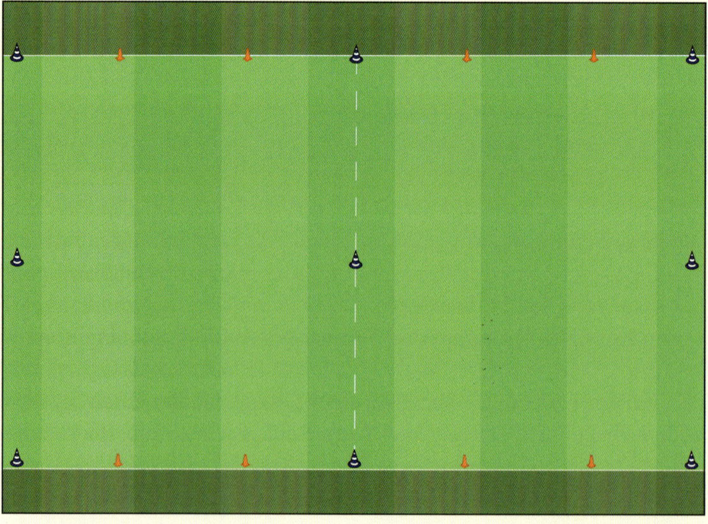

Schritt 2
Bewegungserfahrungen reflektieren und Lösungen diskutieren

- Reflexionen und Diskussionen beobachten
- Ggf. zum Demonstrieren und Erklären anregen

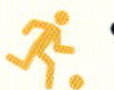

- Den Mitspielern Lösungen erklären und demonstrieren
- Lösungen mit den Mitspielern diskutieren
- Zusammenhang mit bereits Erlerntem besprechen

Schritt 3
Lösungen ausprobieren

- Grundspiel beobachten

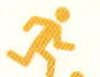

- Grundspiel spielen
- Lösungen ausprobieren

inweis

Das Grundspiel wird nochmals durchgeführt.

Schritt 4
Lösungen zusammenführen, reflektieren und diskutieren

- Zum Demonstrieren und Erklären anregen
- Lösungsfindung ggf. durch Hinweise und Fragen unterstützen
- Zusammenhang mit bereits Erlerntem erfragen (vgl. Anforderungen)
- Schülerlösungen systematisieren

- Allen Mitschülern Lösungen erklären und demonstrieren
- Lösungen mit allen Mitschülern diskutieren
- Zusammenhang mit bereits Erlerntem diskutieren

aktikleitbild: oppelpass nwenden

1

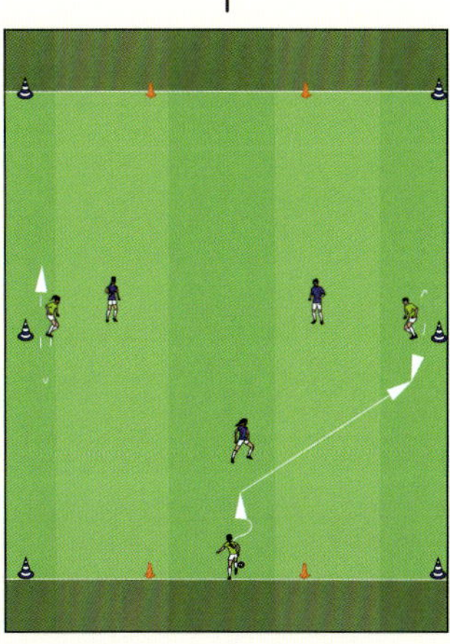

2

1 Schritt 1: Die beiden vorderen Spieler lösen sich mit einer Lauffinte entlang der Seitenlinien von ihren Gegenspielern. Parallel startet der Spieler am Ball ein Tempodribbling in Richtung gegnerisches Tor und passt so spät wie möglich zum sich nach hinten freilaufenden Mitspieler.

2 Schritt 2: Nach dem Passen überläuft der Spieler sofort seinen angreifenden Gegenspieler (A: im Rücken; B: zwischen Gegenspieler und Ball). Der angespielte Spieler passt den Ball möglichst direkt diagonal nach vorne zwischen den beiden Gegenspielern hindurch zum sich freilaufenden Mitspieler.

Schritt 5
Lösungen ausprobieren

- Grundspiel beobachten

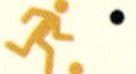

- Grundspiel spielen
- Lösungen ausprobieren

Hinweis

Das Grundspiel wird nochmals durchgeführt.

Schritt 6
Lösungen üben

- Organisation und Ablauf erklären
- Schüler korrigieren

- Übungsform absolvieren

Übungsform

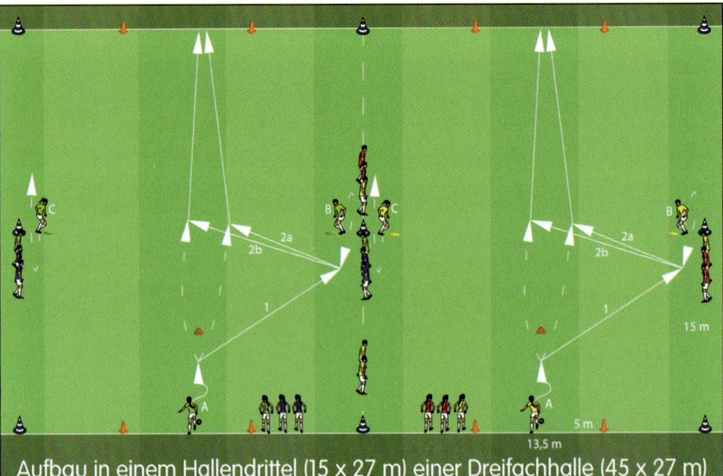

Aufbau in einem Hallendrittel (15 x 27 m) einer Dreifachhalle (45 x 27 m)

Organisation

Der Aufbau des Grundspiels wird weiterhin genutzt. Auf beiden Spielfeldern sind mit Markierscheiben 2 Angreiferpositionen markiert, die mit Spieler B und C besetzt werden. Zudem ist mit einem Markierteller eine Position der verteidigenden Mannschaft markiert, die jedoch nicht besetzt wird. Spieler A startet mit einem Futsal-Ball auf der Grundlinie seines Tores.

Ablauf

A startet ein Dribbling. Parallel läuft sich B nach einer Lauffinte nach hinten frei, C nach vorne. A passt den Ball so spät wie möglich vor dem Markierteller (= Verteidiger) zu B. Im Anschluss überläuft A sofort den Markierteller (im Rücken oder zwischen Gegenspieler und Ball). Parallel passt B den Ball möglichst direkt diagonal nach vorne zu A, der den Ball in das Tor passt. Nach jedem Durchgang werden alle 3 Spieler ausgetauscht. Die Übung wird auch spiegelverkehrt ausgeführt.

Schritt 7
Erworbene Kompetenzen festhalten

- Erworbene Kenntnisse und taktische Fähigkeiten benennen und einordnen
- Zusammenhang mit bereits Erlerntem herausstellen (vgl. Anforderungen)

- Erworbene Kompetenzen ggf. schriftlich sichern

Kenntnisse

Die Schüler kennen
- mindestens eine Umsetzungsmöglichkeit des Doppelpasses zum Herausspielen einer Torchance sowie die Eckpunkte des Taktikleitbilds.
- den Zusammenhang mit den Formen des Zusammenspiels in der Gruppe, den Dribblingformen, den Formen des Anbietens und Freilaufens, den Dribblingarten, den Finten, den Arten der An- und Mitnahme und dem Innenseitstoß.

Taktische Fähigkeiten und technische Fertigkeiten

Die Schüler können den Doppelpass anwenden, um Torchancen herauszuspielen.

Den Ballgewinn aus einer Grundordnung heraus systematisch vorbereiten

Lernaufgabe: **Wie?**

Schritt 1
Bewegungsproblem erleben und entdecken

- Organisation und Ablauf erklären
- Grundspiel beobachten

- Lernaufgabe lesen
- Grundspiel spielen

Es wird das Grundspiel gespielt.

Hinweis

Lernaufgabe

Aufgabe während der Spielform

Denkt über folgende Fragen nach:

1. Wo genau sollten sich eure Spieler in den beiden Spielsituationen postieren (siehe Spielfelder unten)?
2. Wie sollten die Laufwege eurer Spieler von Spielsituation 1 zu Spielsituation 2 aussehen?
3. Wie könnt ihr in Spielsituation 2 gemeinsam den Ball gewinnen?

Aufgabe während der Reflexionsphasen

- Erklärt und demonstriert euren Mitspielern eure Lösungen für die drei Fragen.
- Diskutiert eure Lösungen für die drei Fragen.
- Denkt darüber nach, inwiefern ihr bereits Erlerntes zum Defensivverhalten benötigt (z. B. Verteidigen in Über- und Gleichzahl).
- Zeigt in den beiden unten stehenden Spielfeldern Lösungen auf, indem ihr die drei Verteidiger auf die jeweils richtige Position im Feld setzt und zudem ihre Laufwege einzeichnet.
- Tragt in den weißen Kasten ein, was eure Spieler genau tun müssen, um den Ball gemeinsam zu erobern.

Positionierungen und Laufwege für eine gemeinsame Balleroberung

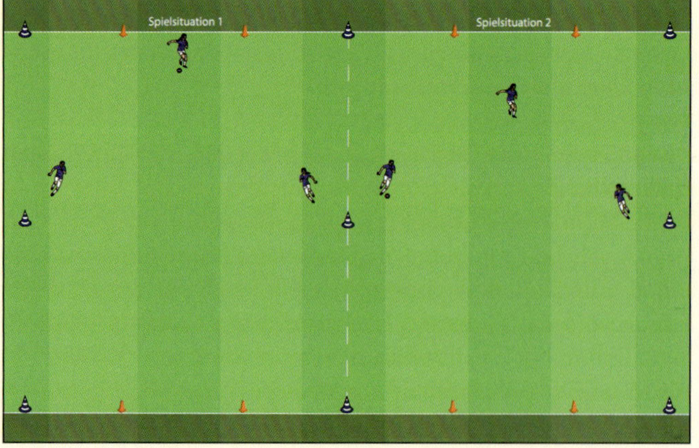

Aufgaben eurer Spieler

Schritt 2
Bewegungserfahrungen reflektieren und Lösungen diskutieren

- Reflexionen und Diskussionen beobachten
- Ggf. zum Demonstrieren und Erklären anregen

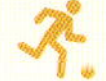

- Den Mitspielern Lösungen erklären und demonstrieren
- Lösungen mit den Mitspielern diskutieren
- Zusammenhang mit bereits Erlerntem besprechen

Schritt 3
Lösungen ausprobieren

- Grundspiel beobachten

- Grundspiel spielen
- Lösungen ausprobieren

inweis

Das Grundspiel wird nochmals durchgeführt.

Schritt 4
Lösungen zusammenführen, reflektieren und diskutieren

- Zum Demonstrieren und Erklären anregen
- Lösungsfindung ggf. durch Hinweise und Fragen unterstützen
- Zusammenhang mit bereits Erlerntem erfragen (vgl. Anforderungen)
- Schülerlösungen systematisieren

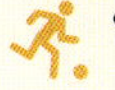

- Allen Mitschülern Lösungen erklären und demonstrieren
- Lösungen mit allen Mitschülern diskutieren
- Zusammenhang mit bereits Erlerntem diskutieren

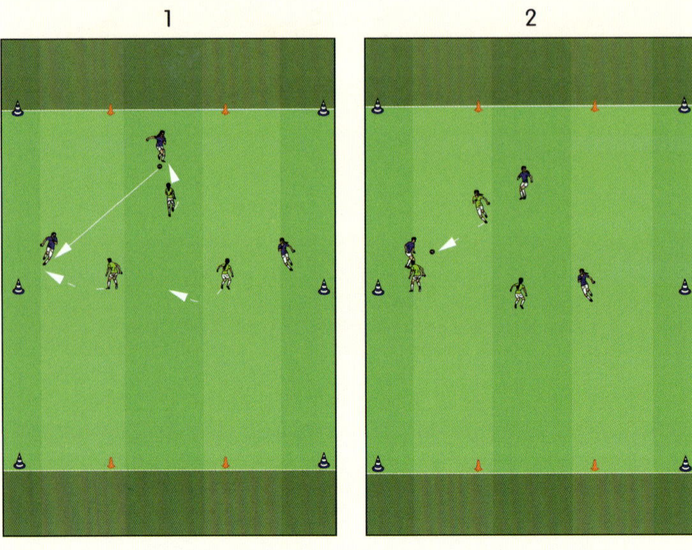

Taktikleitbild: Den Ballgewinn aus einer Grundordnung heraus systematisch vorbereiten

Grundordnung: 2-1-System mit 2 Verteidigern und einem zentralen Angreifer.

1 Schritt 1: Der vorderste Spieler läuft den hinteren Gegenspieler am Ball in einem leichten Bogen so an, dass dieser nur noch zu einem der beiden Mitspieler passen kann. Die weiteren beiden Verteidiger rücken leicht nach links.

2 Schritt 2: Sobald der Spieler am Ball den Ball gepasst hat, startet der vorderste Spieler in den Passweg und in diesem zum angespielten Gegenspieler. Der ballnahe Verteidiger setzt den Gegenspieler möglichst bereits bei der Ballannahme unter Druck. Der ballferne Verteidiger läuft in Richtung des Balles den Passweg zum ballfernen Angreifer zu. Beide nun ballnahen Verteidiger versuchen den Ball im 2 gegen 1 zu erobern, wobei der vordere Verteidiger risikoreicher verteidigt und der hintere Verteidiger sichert.

Schritt 5
Lösungen ausprobieren

- Grundspiel beobachten

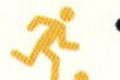

- Grundspiel spielen
- Lösungen ausprobieren

inweis

Das Grundspiel wird nochmals durchgeführt.

Schritt 6
Lösungen üben

- Organisation und Ablauf erklären
- Schüler korrigieren

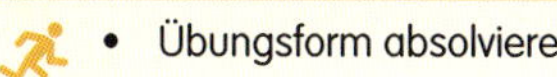

- Übungsform absolvieren

pielübung

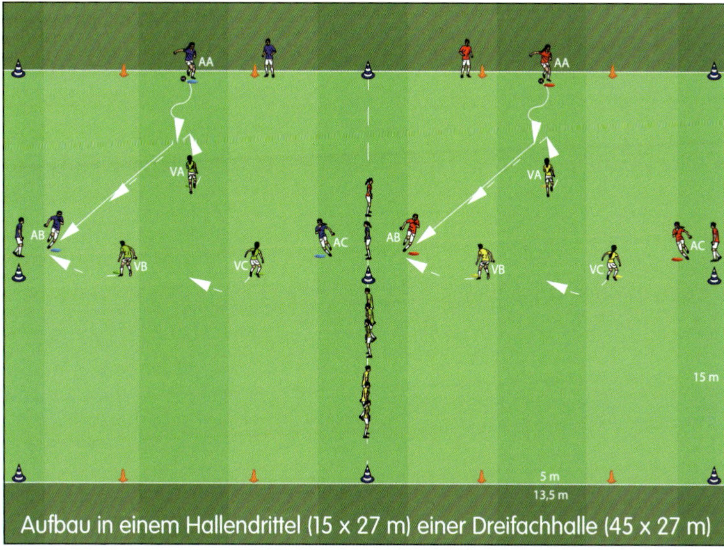

Aufbau in einem Hallendrittel (15 x 27 m) einer Dreifachhalle (45 x 27 m)

rganisation

Der Aufbau des Grundspiels wird weiterhin genutzt. Auf beiden Spielfeldern sind mit Markierscheiben 3 Positionen der verteidigenden Mannschaft markiert, die mit den Spielern VA, VB und VC besetzt werden. Zudem sind mit Markierscheiben 2 Positionen der angreifenden Mannschaft markiert, die mit den Spielern AB und AC besetzt werden. Spieler AA startet mit einem Futsal-Ball auf der Grundlinie seines Tores.

blauf

AA startet ein Dribbling. VA läuft AA in einem leichten Bogen so an, dass dieser nur noch zu AB passen kann. Direkt nach dem Pass von AA auf AB läuft VA in den Passweg und in diesem in Richtung AB. Parallel setzt VB AB bei der Ballannahme unter Druck und VC läuft den

Passweg zu AC zu. VB und VA versuchen nun, den Ball gemeinsam zu erobern. Die Übung endet, wenn die verteidigende (oder angreifende) Mannschaft ein Tor erzielt, den Ball nach Ballgewinn wieder verliert oder der Ball in das Aus geht.

Schritt 7
Erworbene Kompetenzen festhalten

- Erworbene Kenntnisse und taktische Fähigkeiten benennen und einordnen
- Zusammenhang mit bereits Erlerntem herausstellen (vgl. Anforderungen)

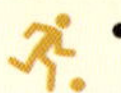

- Erworbene Kompetenzen ggf. schriftlich sichern

Kenntnisse

Die Schüler kennen
- die Form „Verteidigung als Mannschaft zum Unterbinden des Zusammenspiels" und die Eckpunkte des Taktikleitbilds.
- den Zusammenhang mit den individual- und gruppentaktischen Verteidigungsformen.

Taktische Fähigkeiten und technische Fertigkeiten

Die Schüler können den Ballgewinn aus einer Grundordnung heraus systematisch vorbereiten.

Literatur

Allgäuer, D., Brielmayer, D., Lutz, M. & König, S. (2016). Sportspielvermittlung in der Sekundarstufe I – eine Frage der Methode? *sportunterricht, 65(*10), 295-300.

Bisanz, G. & Gerisch, G. (2013). *Fußball: Kondition – Technik – Taktik & Coaching.* Aachen: Meyer & Meyer.

Deutscher Fußball-Bund. (2020). *Fußball-Regeln 2020/2021.* Verfügbar unter: https://www.dfb.de/fileadmin/_dfbdam/225053-Fussball-Regeln_2020_21_RZ.indd.pdf [Zugriff: 03.09.2020].

Dietrich, K., Dürrwächter, G. & Schaller, H.-J. (2012). *Die großen Spiele* (6., überarb.). Aachen: Meyer & Meyer.

Digel, H. (1980). Regeln im Sport. In O. Grupe (Hrsg.), *Sport. Theorien in der gymnasialen Oberstufe. Arbeitsmaterialien für den Sportunterricht, Bd. 1: Sportartübergreifende Beiträge* (S. 308–350). Schorndorf: Hofmann.

Gissel, N. (2014). Welche Kompetenzen wollen wir vermitteln? Der „Kompetenzwürfel" und Konsequenzen für die Praxis. In M. Pfitzner (Hrsg.), *Aufgabenkultur im Sportunterricht: Konzepte und Befunde zur Methodendiskussion für eine neue Lernkultur* (S. 67–91). Wiesbaden: Springer VS.

Gogoll, A. (2012). Sport- und bewegungskulturelle Kompetenz – ein Modellentwurf für das Fach Sport. In A.-C. Roth, E. Balz, J. Frohn & P. Neumann (Hrsg.), *Kompetenzorientiert Sport unterrichten. Grundlagen, Befunde, Beispiele* (S. 39–52). Aachen: Shaker.

Heidelberger Sportpädagogen. (2011). Vom Nullniveau zum Maximalstandard – Konsequenzen der Kompetenzorientierung für die Planung des Sportunterrichts. In G. Stibbe (Hrsg.), *Standards, Kompetenzen und Lehrpläne* (S. 31–48). Schorndorf: Hofmann.

Kröger, C., Roth, K. & Schmidt, L. (2014). *Koordinationsschulung im Kindes- und Jugendalter: eine Übungssammlung für Sportlehrer und Trainer.* Schorndorf: Hofmann.

Kuhlmann, D. (2001). Zur Vermittlung von Sportspielen. In W. Günzel & R. Laging (Hrsg.), *Neues Taschenbuch des Sportunterrichts. Didaktische Konzepte und Unterrichtspraxis* (2. Aufl., S. 110–128). Baltmannsweiler: Schneider.

Kuhlmann, D. (2007). Wie führt man Spiele ein? In Bielefelder Sportpädagogen (Hrsg.), *Methoden im Sportunterricht* (4. Aufl., S. 135–147). Schorndorf: Hofmann.

Leisen, J. (2010). Lernaufgaben als Lernumgebung zur Steuerung von Lernprozessen. In H. Kiper, W. Meints, S. Peters, S. Schlump & S. Schmit (Hrsg.), *Lernaufgaben und Lernmaterialien im kompetenzorientierten Unterricht* (S. 60–67). Stuttgart: Kohlhammer.

Mitchell, S. A., Oslin, J. L. & Griffin, L. L. (2013). *Teaching Sport Concepts and Skills: A Tactical Games Approach for Ages 7 to 18: A Tactical Games Approach for Ages 7 to 18* (3. Aufl.). Champaign, IL [u. a.]: Human Kinetics.

Neuber, N. (2014). Bewegungsaufgaben als Lernaufgaben? – Ansatzpunkte für eine zeitgemäße Aufgabenkultur im Sportunterricht. In M. Pfitzner (Hrsg.), *Aufgabenkultur im Sportunterricht: Konzepte und Befunde zur Methodendiskussion für eine neue Lernkultur* (S. 41-64). Wiesbaden: Springer VS.

Pfitzner, M. (2012). Aufgabenkultur im Sportunterricht – von etablierten Methoden des Sportunterrichts und Lernaufgaben. In A.-C. Roth, E. Balz, J. Frohn & P. Neumann (Hrsg.), *Kompetenzorientiert Sport unterrichten. Grundlagen – Befunde – Beispiele* (S. 53–66). Aachen: Shaker.

Pfitzner, M. (2013). Fachdidaktische Aufgabenanalyse im Sport. In T. Bohl, M. Kleinknecht, U. Maier & K. Metz (Hrsg.), *Lern- und Leistungsaufgaben im Unterricht. Fächerübergreifende Kriterien zur Auswahl und Analyse* (S. 176-192). Bad Heilbrunn: Klinkhardt.

Pfitzner, M. (2014). Aufgabenforschung für eine veränderte Lernkultur im Sportunterricht – Ausgangspunkte und sportdidaktische Entwicklungen. In M. Pfitzner (Hrsg.), *Aufgabenkultur im Sportunterricht: Konzepte und Befunde zur Methodendiskussion für eine neue Lernkultur* (S. 11–40). Wiesbaden: Springer VS.

Roth, K. (2005). Sportspiel-Vermittlung. In A. Hohmann, M. Kolb & K. Roth (Hrsg.), *Handbuch Sportspiel* (S. 290–309). Schorndorf: Hofmann.

Söll, W. (2011). *SPORTunterricht – sportUNTERRICHTEN: ein Handbuch für Sportlehrer* (5., neu bearb. Aufl.). Schorndorf: Hofmann.

Storch, M. (2009). Motto-Ziele, S.M.A.R.T.-Ziele und Motivation. In B. Birgmeier (Hrsg.), *Coachingwissen. Denn Sie wissen nicht, was sie tun?* (S. 183–205). Wiesbaden: VS Verlag für Sozialwissenschaften.

Ziener, G. (2008). *Bildungsstandards in der Praxis. Kompetenzorientiert unterrichten.* Seelze: Klett.